口下手さんでも大丈夫 本音を引き出す聞き方

フリーアナウンサー
大相撲愛好家
田中知子

かんき出版

「後輩が何を考えているのかわからない。
いつもニコニコしていたのに急に退職した」
「取引先と腹を割った会話をしたことがない。
もっと懐に入るにはどうしたらいいのだろう」

こんな経験はないでしょうか?
あなたは、「何で話してくれなかったんだ……」と思うかもしれません。
一方で相手は裏でこんなことを思っているかも――。

「先輩とは上辺の話しかできない。
本心を言ったところで、受け止めてくれないだろう」

「話がビジネスライクでつまらない。
仕事相手だけど、信用できる人間ではない」

あなたが「何で、あの人は話してくれないのか」と思っている一方で、相手からすると「本音で話ができない人」になっているのではないでしょうか？
仕事だけではありません。人間関係全般にも言えます。

思わず本音で話をして、話が弾む人――。
そうなれたら、どれだけ人間関係をコントロールできるか。

本書はそのヒントが詰まっています。

かつてリクルート求人広告の営業でトップの常連という成績をおさめ、ＮＨＫでは男社会の大相撲を体当たりで取材。
そこからつちかった人間関係の極意、背中を押されるような体験が紹介されています。本書でお伝えする極意をイメージで表すと

「相手と私でドームをつくる。つまり温かい空気で満たすこと」

です。心の壁を低くし、会話がスルスルと始まり、話が盛り上がり、ときに聞くべきことをしっかり聞ける。安心感と信頼感で満たされるドームです。
そのドームで、次第に相手とつながり、本音で会話ができるようになります。

本書は人間関係が円滑になる本です。

はじめに

毎日200件、飛び込み営業してわかったこと

この本を手にとっていただきありがとうございます。

初めまして。フリーアナウンサーで、大相撲愛好家の田中知子と申します。

私は元々フロム・エーやタウンワークなどリクルート求人広告を販売する営業マンでした。その後、31歳でNHKのキャスターになりました。

そんな私によく言われるのが「面白い経歴だね」「華麗な転身すごい」「話のスペシャリストですね」という言葉。また、こんな質問を投げかけてくださいます。


「初対面の人と何を話せばよい関係がつくれるんですか？」

「無口な取引先の社長さんはどうやったら心を開いてくれますか？」

「口下手な自分が人と話をして疲れないようにするにはどうすればいいですか?」

このような質問にラジオ番組や講演活動でお答えしています。

ですが……、**実はこれ、私も同じように悩んでいたことなんです。**

ちょっとだけ珍しい経歴を紹介します。

リクルート求人広告の営業マン時代、新人のころは毎日200件の飛び込み営業をしていました。

池袋がテリトリーで60階建ての「サンシャインシティ」を最上階から地下まで全てまわることからスタート。頭より足を動かせの精神で、汗だくになりながら必死で飛び込んでいたのを覚えています。1万件以上の飛び込みをしたでしょうか。そのおかげで、初対面ながら多くの経営者や人事担当者と話しました。

1、2年目は全く売れませんでしたが、数をこなすうちに初対面での人との接し方、目上の方との会話のしかたなど、人とのコミュニケーションは全て現場で叩き込まれました。

次第に、売れるというのは「商品ありきではなく、人ありき」とわかってから一気に新規受注が得意になっていったのです。

心の矢印がどこに向いているか

コツをつかみ軌道に乗っていた営業ですが、「商品ありきではなく自分自身を商品として勝負してみたい」と思い、突然アナウンサーの道を目指します。そのとき28歳。当時、友人の結婚式の司会をしたり、声を褒められたりすることがあり、人前で話すことの楽しさを味わったのがきっかけです。周りから「え？　なんでアナウンサー？」と驚かれましたが、スクールに通いながら全国のオーディションを受け続けました。

しかし、なかなか受からず……、「これで最後」と思った3年目にやっとチャンスが！「NHK青森放送局」の新年度キャスターに合格!!　そのとき31歳。遅咲きのメインキャスターとしてデビューしました。

意気揚々とスタート！　と思ったもののうまくいかないことの連続でした。それまで社会人の基礎として育ったリクルートは、個人としての成績や能力を求められる文化。売上目標を達成するとバラの花をつけて盛大にお祝いしたり、どんなに小さな広告でも受注すると盛り上げてくれます。個人の成長を認めて評価してくれる場所でした。

一方、ＮＨＫはチームで一つの番組をつくり上げていきます。記者が取材をして原稿をつくり、カメラマンが映像を撮影、キャスターはそのニュースを伝えるアンカー。一つのピースとしての働きを求められました。リクルート育ちの私は「もっとああしたい、こうしたい」と気持ちが先行して生意気に意見していたことも。周りとうまくいかないこともあり、心は日々葛藤していました。「なんで認めてくれないんだろう、こんなにがんばっているのに」、と。

加えて慣れない生放送で毎日極度の緊張。「噛まずに伝えられるかな」「私、うまくできるかな」とばかり考えていました。そんな様子をみかねた先輩から

「田中は自分のことばかり気にしている、自分の見られ方ばかり気にしている」

と指摘されハッとしました。「自分がやりたいことを受け入れてほしい」、それはなんてひとりよがりだったんだ、と。

心の矢印は常に自分にしか向いていなかったのです。

一歩外に出ると「『あっぷるワイド』見ているよ」「八戸出身なんだってね。応援しているよ」と声をかけてくれる視聴者がとてもうれしかったのです。同時に「見てくれている人はこういう人なんだ」と視聴者をイメージできるようになってきました。すると、心の矢印がだんだんと「私」から聞いている人（視聴者の方）へ向いていったのです。

そうやって、私から相手への矢印、相手から私への矢印を意識するようになり、いかに聞き手にとって心地よい空間をつくれるかを極めたいと思いました。

「聞いていてホッとして安心感のある心地よい空間、まるでかまくらみたいな丸くて温かいドームをつくろう」。

声で安心してもらい、心地よい感覚。1日の終わりを、自分の声で伝えてホッとできる空間になったらとても幸せなこと。

キャスターとして手応えを感じ、中堅どころになった4年目に新番組の立ち上げメンバーの話が舞い込んできました。全国放送の報道番組「ニュースシブ5時」を東京で挑戦することに。

限られた時間で口下手な力士をインタビュー

そんななか、番組で大相撲特集の企画が持ち上がりました。相撲好きな私が任されることになり、好角家の能町みね子さんと「シブ5時相撲部」を立ち上げました。力士の勝敗だけではなく、人柄や趣味を伝えて大相撲に興味を持ってもらおうと、白鵬《はくほう》関や照ノ富士《てるのふじ》関など、力士100人以上に取材しました。

しかし、取材は苦労の連続。大相撲の世界は超独特です。まず、ベテランの男性記者がほとんどで、相撲を知り尽くした人ばかり。そして女性がいません。現場での暗黙のルールや掟をよく知らずに乗り込んだので、場違いなことや大変なこともたくさん経験しました。まわりを観察して見よう見まねに振る舞ったり、親方に教わったりしながら経験を積んでいきました。

インタビューではひと言しか話してくれない口下手な力士もいて、どうやったら仲よくなれるかとあの手この手で作戦を練り、次第に**素顔を引き出すコミュニケーション術も身につきました。限られた短い時間でのベストなコミュニケーションの取り方、信頼関係のつくり方、力士の素顔の引き出し方を習得しました。**

現在は独立し、2024年4月に起業しました。女性目線で感じた大相撲の魅力、そして独特の取材現場でつちかった口下手な人とのコミュニケーション術を伝える講演活動をしています。私はこれを大相撲の縁起のいい言葉になぞらえ「**金星コミュニケーション**」といい、特に会話術に特化した内容を「**金星メソッド**」といいます。

本書を手に取ったあなたに「**コミュニケーションの金星をとってもらいたい**」、そういう想いで命名しました。

元々営業が苦手、アナウンサーとしてインタビューが下手、相撲の取材現場でガチガチに緊張していて思うように取材できなかった、そんな実体験から「人の話を聞くことってこうだったんだ！」とわかったことがあります。本書には、そんなリクルートとＮＨＫ両方から吸収したことが詰まっています。

この本があなたの挑戦を一歩を踏み出すきっかけになり、人と話すのが楽しいと思ってもらえたらとてもうれしいです。

さぁ、気になるところから読んでみてください。

1章

初対面でもグッと距離が縮まる信頼関係のつくり方

2章

すぐに使える本音を引き出す聞き方

3章
もっと話したいと思われる聞き方

4章

口下手さんでも思い通りに話が進む聞き方

5章

声の出し方ひとつで話をコントロールする方法

装丁　小口翔平＋青山風音（tobufune）
本文デザイン・ＤＴＰ　Re-Cre Design Works
校正　聚珍社
カバーイラスト　白井匠
章扉イラスト　木村スノピ
編集協力　柳沢敬法

1章

初対面でも
グッと距離が縮まる
信頼関係のつくり方

会話の入口、第一声にこだわってみる

なんでも、最初の一歩が肝心。一歩目がうまくいくとスムーズに進みそうと思える。それは会話も同じです。

「いいか田中、第一印象は0・7秒で決まるんだぞ。一瞬でほぼ決まるんだ。その印象はその後、ずっと変わらない。だから初対面をとにかく意識しろ」

20代のリクルート求人広告の営業時代、上司から口酸っぱく言われていた言葉です。この言葉をずっと覚えていて日々、実践しています。

では、「第一印象＝初見の0・7秒」で何をすればいいか。

「第一声に命をかける」なんです。


初対面の相手に対してどういうふうに話をはじめていますか？

相手の**「初めまして。よろしくお願いします」**、の声がボソボソと小さかったり、暗い表情だったりすると「この人大丈夫かな」と不安に思ったりしますよね。

さらに相手が寡黙だったり、機嫌が悪そうだったりしたら一気に話しかけにくくなります。

「大丈夫かな、うまくやりとりできるかな」と不安に思いますが、そういうときこそ第一声が大事。


第一声で好意を伝えてみてください。


NHK「ニュースシブ5時」の大相撲取材で、幕内力士の大栄翔《だいえいしょう》関にインタビューしたときのこと。気迫ある押し相撲の力士で、幕内優勝の経験もある実力者。

大栄翔関の男気あふれる相撲スタイルが好きで元々大ファンでした。一見ゴツゴツした強そうな風貌で、積極的におしゃべりするというイメージは全くなく、テレビのインタビューでも問いかけには多くを語りません。

初場所を控えた朝稽古が終わった後、インタビューをさせていただきました。稽古後なので髷《まげ》に土がついたままの状態で、息も上がっています。テレビでよく見るあの気迫のある表情で近づいてきました。

大ファンの関取に会えて超うれしい気持ちと、「どう声をかけようかな……」と緊張と不安がよぎりました。何も考えずにふつうに声をかけるなら、

「お疲れのところすみません」
「お忙しいなかありがとうございます」
「『シブ5時相撲部』の取材です。少しお時間いただきます。よろしくお願いします」

というような型通りのかしこまった挨拶になります。

ですが、私はいきなり気持ちを全開にしたこんなひと言から始めてみました。

「大栄翔関、大ファンです！　ずっと応援していました。大好きです」

と、ファン丸出しの挨拶。そのときの私は**意識せずともきっと満面の笑みだった**と思います。ストレートな感情表現に、大栄翔関のかたかった表情がほころんでニコッと笑顔で応対してくださったんです。「気恥ずかしそうなうれしそうな……」そんな表情でした。

一気に打ち解けた雰囲気になり、その後は和やかに話を聞くことができました。

あのとき、お決まり通りに「ではお聞きします」とインタビューを始めていたら、かたい表情のまま、通り一遍倒の会話で終わってしまったと思います。

「会えてうれしい。話せてうれしい」と言われたら、何だかうれしくなってきませんか？　これはインタビューに限らず、普段の何げない会話でも同じこと。

第一声で好意を全開で伝える。

何となく20くらいの気持ちでぬるっと入るのではなく、最初から100くらいの気持ちで、こちらの好意を相手に伝えてみてください。

すると、自然に自分の表情がふわっとやわらかくなるんです。
自分の表情がゆるむと自然と相手もゆるみます。

でも、初対面だったら相手のことを知らないこともありますよね。ましてや相手のことを「好きかどうか」なんてわからない。
そんなときには**無条件に「私はこの人のこと好きなんだ」と思ってみてください。**
するとあら不思議、あなたの表情はにこやかになり、気持ちもふわっと上がります。

そう思うのもどうしてもムズカシイという方は、好きとまではいかなくても「この人と絶対気が合う」「絶対、この人と仲よくなれる」と思ってみてください。それだけでも第一声の「こんにちは」「よろしくお願いします」が絶対変わります。

さらにそれも難しければ、**「相手は自分のことを好きに違いない」「味方のはず」と思ってみる。**そう思い込んで接してみると、相手に対する自分自身のブロックが外れます。

反対に「相手は怖い人かもしれない」「信頼されないかもしれない」などと思うと、それが相手にも伝わってしまいます。そうすると、自分も相手もかたいまま。自分の表情にも出てしまい、どこか不安気な空気が伝わってしまいます。

全開にした好意は必ずしも伝えなくてもOK。

そう心に思った状態で会話をはじめてみてください。いい空気で会話がスタートできるはず。そんな会話が、弾まないわけがありません。

逆に第一声で盛り下がってしまうこともあるのです。

以前、ショックな経験をしたことがあります。地方の大相撲巡業の取材で窓口のある方に挨拶する必要がありました。挨拶のために待っていたら、遠くからお目当ての60代くらいの男性が歩いてきました。そしたら開口一番、私に

「なんでお前みたいなオバはんと挨拶せなあかんねん、忙しいんやから」

と言い放ったのです！「かっちーん！なんだとーーー！」と思い、まだ何も話

していない相手でしたが、一気に印象がドーンと落ちました。「こっちこそ話したくないわ！」。当時の年齢は37。何もそう言わなくたっていいのに。たったひと言ですが、この最初のひと言はこのくらいエネルギーがあります。ノリで言ったのかもしれない。だけど、私のイライラは止まりません。そのまま取材をやめ、スッと帰りました。

そのくらい第一声って大事なんです。気持ちを盛り上げることもできれば、盛り下げることもできてしまう。一発目の威力はすごいものがあるのです。

営業時代に教わった「0・7秒で印象が決まる」は本当です。

ぜひ、第一声で相手の気持ちをグッと上げることに注力してくださいね。

金星メソッド その1

第一声で好意を全開で伝えてみよう。相手もあなたもやわらかい表情になるはず

～無条件で相手を好きと思う気持ちを持ってみて～

「どこで話をするか」は意外と重要

シャイな人。ガードのかたい人。ボソボソっとしか答えない人。

そんな人の重い口を開かせるにはどうすればいいのか。本音を引き出してその人の「素」の部分を聞き出したい。どうすればいいのか悩みますよね。

私が意識しているポイントのひとつが、**「話を聞く場所」選び**です。

どういう場所かというと、**「相手がリラックスできる慣れ親しんだ環境」**で聞くように心がけています。つまり、「相手のホームグラウンド」のこと。「相手の土俵」で聞くということです。

「そんなに大事?」と思うかもしれません。でも、逆の立場だったらきっとわかるはず。次のことを想像してみてください。

あなたがインタビューされるとします。

「こちらで用意したインタビュールームで行います。話したことがテレビで放送されますので、ばっちりお願いしますね」
「NHKのスタジオでスタッフがセットをつくってスタンバイしています。生放送で5分間質問に答えてもらいますのでよろしくお願いします」

なんて言われたら、この状況から逃げたくなりませんか?

生放送は一度きりで撮り直しができません。さらにスタジオは天井が高く、ライトが煌々《こうこう》とまぶしく、カメラは何台もあります。その場はまさに「ザ・ステージ」という雰囲気。完全に不慣れなアウェイの場では誰でもガチガチになります。私も緊張します。自然に話そうというほうが難しいですよね。もともと寡黙な人ならば、重い口がさらに重くなってしまいます。

たとえば、大相撲では毎場所、千秋楽が終わると優勝力士がスタジオに生出演します。そこで、力士は取組の映像を見ながらアナウンサーの質問に答えていきます。

「この取組にはどんな作戦でいきましたか？」
「優勝したこの瞬間は何を思いましたか？」

次々に質問されて、力士は次々に答えなくてはなりません。しっかりした答えを言おうとされてかっちりした雰囲気になります。

では、力士のホームはどこか。それは**いつもの仲間に囲まれている「相撲部屋」**です。特に稽古を終えて風呂から上がり、浴衣に着替えてちゃんこを食べているときはリラックスしている状態。時間がなくて稽古が終わったらサクッとインタビューというときもありますが、ちゃんこを食べているときの自然体にはかないません。

私から相手の「ホームグラウンド」に入り、話を聞く体制をつくるわけです。

他にも、担当するラジオ番組で毎週ゲストをお迎えしてインタビューをしていますが、ゲストの皆さんが言うのは**「ラジオのスタジオは緊張する、うまく話せるかな」**

です。

毎週同じ場所でラジオを放送している私にとってスタジオはホームですが、ゲストにとってはアウェイな場所。

そこで私はなるべくゲストの方がリラックスして話せるように、本番前にできるだけ「相手のホーム」、つまり相手のお店や会社に顔を出すようにしています。

一度相手のホームに入って、立ち話をする。お店の商品を買ったり、食べたりして、その人が大切にしているものやその人の素の顔を一度味わいます。

これだけで本番のリラックス度は違ってくると思います。


これを職場のシーンにしてみると——。

たとえば、上の立場の人が忌憚《きたん》のない意見を聞きたいと思って、自分のデスクに部下を呼び出すと部下は緊張してしまいます。会議室、社長室、かしこまった場所では本音は引き出しにくいと思うのです。それよりも

「部下の席に出向いて声がけする」

「自販機の前で缶コーヒーを飲みながら立ち話しをする」
「喫煙者同士なら喫煙スペースで自然に話す」

など、相手がリラックスできる環境を選んでみてください。

私の知り合いは、部下の席がある通路を意識してよく通りそのついでに声がけしています。ミーティングの時間を予約するのではなく、**「通りがけついでに話す」**ということを普段からやっているのです。普段からちょこちょこ話せていると、いざというときも素の自分で話してくれるかもしれません。

そしたら相手はかまえず、「素の状態で大丈夫だ」となってくれるでしょう。

金星メソッド その2

本音を引き出すときは相手がいかに話しやすい場所か、意識して

〜相手のホームであればあるほど話は弾む〜

「さりげないしぐさ」で心の壁を低くする

相手から言葉が次々出てくるときと、そうでないときがあります。その違いは何なのでしょうか。私はその原因のひとつに「心の壁」があると考えています。

前の項目のように、**「ポジティブな第一声」「相手がリラックスできる場所」で、相手に安心感を与えて心の壁を低くする。**こうした何気ないことが、相手に安心感を与えている、と。そんな何気なく心の壁を低くする方法があるのでお伝えします。

私は相撲部屋で力士に話をするとき、あぐらの姿勢で聞くことがありました。力士は座るとき、基本的にあぐら。私は女性ですが、そんなのおかまいなし。

また、一緒にちゃんこを食べるときも、食べながらだと話しづらいから少しだけではなく、**相手がおかわりしたら私もおかわり。力士たちと同じようにお腹いっぱい食**

べます。相撲部屋のちゃんこは絶品なので、ついつい食べすぎてしまう……。体重のことなんて二の次なんです。

このように、**相手のしぐさや言動を「さりげなく」同じ**にしています。

相手はあぐらなのにこちらが正座をしているとなんだかかしこまって見える。同じようにあぐらをかいて座ると場の空気に合って、力士にも親近感を持ってもらえるんじゃないかとそうすることにしました。

「同じ時間に同じ場所で同じ飯を同じように食べる」。

これだけで親近感が生まれます。ちゃんこを一緒に食べるという「同じ釜の飯を食った感」が、話しやすい雰囲気を生み出してくれるのです。おかわりすると、「おお、食べっぷりいいね。どんどん食べて」と喜ばれて、より打ち解けた仲になって話も弾みます。

ちなみに「ちゃんこ」とは諸説ありますが「『お父さん（ちゃん）』と『子ども（こ）』が一緒に食べて絆を深める食事」という意味。家を離れて相撲部屋で寝食を共にする親方と弟子は親子（父子）と同じ。相撲の世界ならではですね。
相手のしぐさと自分の動きを、あくまでもさりげなく同調させていると、次第に心の壁が低くなり、会話の呼吸まで合ってきます。

言葉も相手が使う言葉もさりげなくそのまま使ってみてください。

力士が「ごっちゃんです」、と言ったら私も食べ終わりに「ごっちゃんです」と言ってみる。丁寧に「ごちそうさまでした」、もいいのですが、「ごっちゃんです」といつも相手が使っている言葉を使ってみる。

姿勢、しぐさって普段はあんまり意識しないですがちょっとしたそういうところに意識を向けるだけで、同調効果が生まれて親近感が生まれてきます。

金星メソッド
その3

相手が腹いっぱい食べるならこちらも腹いっぱい食べる

～姿勢やしぐさを合わせることで生まれる同調感をつくろう～

「相手と握れているか」「いないか」が信頼関係の分かれ目

私が営業マン時代に上司からよく言われていた言葉がありました。

「顧客とちゃんと握れているのか？」

「ちゃんと握れていないと売れないぞ！」

「握れていないのに提案するな」

この**「握る」**という言葉を何万回言われたことか――。一生忘れることはありません。「握る」の意味は、「お客様が最終的になりたい状態を把握している」「お客様が成し遂げたいものを共有し一緒にワクワクすること」ということでした。つまり、**何を理想としているのかヒアリングし、求めているものを「がっちり握ること」**です。

ビジネスシーンで相手と話をするとき、どういうことを心がけておくとよい関係性を築けるか、私の経験をお伝えします。

ビジネスでは「常に寄り添う」というよりも「相手がどういうゴール（理想の状態）に向かっているのかをつかみ」、そして「その想いを共有し深く理解できているか」を心がけていました。

握れていたら、常に連絡をとる必要はありません。詳しく語らなくても、「うちの会社のやりたいことをわかってもらっている」「毎回詳しく話をしなくても大丈夫」というようにスムーズになります。

売れない新人時代はこの意味がよくわかりませんでした。営業スタイルとしてはアルバイトの募集があるかないかだけのヒアリングだったと思います。「求人募集がありますか」だけ。無いとそこで終了してしまうわけです。

仮に募集があっても必要な情報だけを聞き、求人広告を掲載して終わる。時給、採用人数、勤務時間だけを聞いて、「想い」の部分を聞くところまではできてない浅い関係。そういう単発のことを繰り返しているだけでした。

「この会社をどうしたいか」
「どういう状態をつくりたいか」

このような深いところまで聞けていないまま新人時代は営業をしていました。
お客様には次のような想いを引き出したい。

「会社として、今後こういう目標を達成したい」
「近い将来、こういう新事業にチャレンジしようと思っているから人数を増やしたい」
「いま、最優先で解決したい課題は○○だ」

その上でお客様の側に立って「採用」や「求人」のサービスでどんな貢献ができるかを考える。広告を出してもらうだけでなく、「その会社の採用活動後」までをお客様と一緒に考える。営業とは、「お客様の課題解決」です。お客様が求めているもの、直面している課題を「共有」し、**一緒に「同じゴールを目指す仲間」になること。つまり、ワクワクすること。それが、お客様と握れていると話は早くなります。**

握れているから「採用の部分は田中さんに任せておけば安心」「田中さんがいるから心強い」と言われるようになったんです。細かいことは語らなくても大丈夫。だってこの会社がやりたいこと、想いを共有できているから。

普段のコミュニケーションにも「握る」は必要です。

たとえば、部下に仕事をお願いするとします。部下はその仕事を「言われたことだけ」をやっていました。「何のためにやるのか」「何の目的でやるのか」を深く考えていないわけです。そのときこそ、まず部下と「握る」ということを意識してみてください。その仕事をすることで**「どんな状態にしたいか」**「何をしたくてやっているのか」「誰を喜ばせたくてお願いするか」を伝えて、握ってください。

部下である立場の方の場合は、先輩が何をしたいのか、ゴールを聞いて想いを共有し、握ってから行動をスタートしてみてください。

「何でこんなことやっているんだろう」といちいち聞かなくても、想いを共有できていれば行動もスムーズ。細かいことを聞かなくてもスルスルと片づいてしまうかもしれません。なんとなくやるのではなく、まずは「一度、想いを共有する」「聞いてみる」というのをやってみてくださいね。

金星メソッド
その4

相手と想いを共有する「握る」で強い信頼関係をつくろう

～想いを共有できていれば何でもできる～

「社名を変えたほうがいい」と伝えて信頼が強まった理由

信頼関係をつくるポイントが「関係性」。あらゆる人間関係で「こんなこと言ったら嫌がられるかも」「生意気だと思われるかも」と、相手の顔色をうかがってしまい、伝えたいことをうまく伝えられなかった経験はありませんか？

私は新人営業マンのとき、相手の顔色や機嫌を考えすぎて、思ったことを伝えるのがとても苦手でした。新人のころは提案ではなく、言われたことを受けるので精一杯だったのです。「こうしたほうがいい」と伝えることは気をつかうことです。しかし、あることをきっかけに**「愛と敬意を持って言うべきことは言う」という姿勢を持てる**ようになりました。

営業時代のお客様で今もお付き合いが続いている、ある不動産会社のK社長がいらっしゃいます。

当時、採用をしたいとお話をうかがいにオフィスに行き、社長の想いを聞いたところ、営業社員を多く採用したいとのこと。そして条件は未経験者歓迎。会社の名前は「有限会社学園都市開発」でした。社名のイメージから何をやっている会社かちょっとよくわからない——。そう思ったので、

「学園都市開発という社名は、正直、何をしている会社かよくわかりません。イメージが湧きづらいと、特に未経験者は応募しづらいと思います。会社の雰囲気を出すために何をしている会社か未経験者にもわかるように、社長の顔を出して想いを届けませんか？」

と率直に応募者の気持ちになって伝えてみました。「単刀直入に言いすぎた！」と思いましたが、K社長は

「そうか。何の会社か確かにわかりづらいよね、応募する人にとってはよくわからない会社に見える」

と納得されて、のちに社名を変更されました。求人広告で会社の想いを打ち出したことにより狙い通りの新人、未経験の営業がトータル10数名採用できました。K社長からは

「求人広告の営業はたくさん来るけど、こんなに親身になってはっきり伝えてくれたのは田中さんだけだよ。だからお願いできた。他からは『うちで広告出しましょう』しか言わない。うちの会社のために言ってくれてありがとう」

と言ってくれたのです。「会社をどういう状態にしたいか」、社長と「握れている」からこそできた提案。立場に縛られず思うことははっきりと言ったほうが、結果的に相手にプラスになるはず――。

もちろん、言いたいことを何でも意見すればいいということではありません。心のなかに「お客様のため、その会社の、そのお店のため」という想いを持った上で、ときには言いにくいことでも言う。K社長にもその想いがと伝わったのだと思っています。

会社の未来を一緒に見据えていると、社長はいろんなことを話してくれるのです。本音のコミュニケーションができるようになります。握れているからこそ伝えられること、提案できる内容もぐんと上がりますよ。

金星メソッド
その5

握れているからこその愛ある助言。想いを共有してワクワクしよう

コラム

話さずに、相手が話しかけやすい入口をつくる

ビジネス交流会、会社での新しいチーム編成、はじめましてのクライアントと打ち合わせ……、初対面での会話は、常に私たちビジネスパーソンに多くおとずれます。コミュニケーションがテーマの講演でよく聞かれるのが、

「飛び込みで個人宅を訪問営業しています。どうしたらもっと契約取れますか？」

という質問。個人宅への営業、相手の警戒心はマックスですよね。コツは**相手が自分に興味を持つ入口をつくっているか**どうかです。

「さっと挨拶して商品の話をする」では、よほど興味がないとなかなか契約にはなりません。そんなとき、**最初に会話のフックをどれだけつくっているか**がポイント。

「自分に興味を持ってもらう」工夫をまずしてほしいのです。

相手が話しかけやすいように入口を工夫している人は自然と話が盛り上がります。たとえば私の名刺には「大相撲愛好家フリーアナウンサー」と入れています。

コラム

「へぇ！　大相撲愛好家ですか」「大相撲好きなんですね」と名刺交換した瞬間にそのことにふれてくれることが多いです。これを書かずにアナウンサーとだけ書くと印象は薄いはず。自然と相手が話しかけやすい仕掛けをしているんです。

ある方は名刺に「嫌いなもの『カレー』」と書いていました。

これだけで何でカレーが嫌いなのか気になって聞きたくなります。理由を聞いてみたら、「小さいころ、母親がつくったカレーがとてもまずくて、それで嫌いになった」と教えてくれました。こんなネガティブ情報も開示してくれたことで一気に親近感が増して会話が盛り上がりました。

着物を着ている人はそれだけで「お着物姿が素敵ですね」と話しかけたくなりますし、ある男性のネクタイが馬柄でとてもお似合いだったので、思わず「なぜ馬が好きなのか」聞きたくなりました。

自分から「私はこういう人です」と言う前に、いかに相手に興味を持ってもらえるフックを仕掛けられるか。こちらから話してしまうと、「いやそこまで聞いてない」と相手は疲れてしまいます。あなただとどんなことが加えられそうですか？　必ず相手が話しかけたくなる情報があるはず。ちょっと考えて工夫してみてくださいね。

自分のフックの掛け方、名刺や見た目だけでなく**自己紹介でもこんな工夫ができます。**

「フリーアナウンサーの田中知子です」だけだと何の印象も残りません。ですが

「歴代横綱73人を噛まずに言える大相撲愛好家フリーアナウンサーの田中知子です」

と言うとどうでしょう。

こんな3秒自己紹介は印象に残りませんか？ちょっと大げさなくらいが面白いと思います。そしてかけ離れたものを2つ組み合わせるとさらに効果的。かけ離れたもの同士の違和感は印象が強く残ります。こんな感じで会話も振り幅を使っ

てみてください。

「映画が好きでこの間、映画の聖地巡礼に行ってきたんです」

ここにかけ離れた印象のものを組み合わせると……

「いつもはインドアで休みは家から一歩も出ないんですが、『スラムダンク』を観て、たまらず弾丸で映画の撮影地に聖地巡礼してきました」

このように伝えると、普通に伝えるより印象が強くなりませんか？　いつもインドアなのにこのときばかりは外に出かけたということが強調されますし、そんな人が出かけようと思った映画はどんなに面白いんだろう、と興味をそそられますよね。

他にも会話の入口になる聞き方は、あとの章でも紹介します。

まずは次の章で、「会話が広がる質問のしかた」を具体的にお伝えしていきます。

2章
すぐに使える本音を引き出す聞き方

相手に「余白」を与える質問ができるか

質問するとき、普段からどういうところに意識をおいていますか？

「相手にしっかり伝わっているかな」と、様子をうかがいながら気配りができれば、**間の取り方やスピードなど聞き方は自然と変わってきます**。しかし、こちらが聞きたいように聞いてしまっては、とたんに相手は答えにくくなってしまいます。営業時代によく上司から**「伝える」と「伝わる」は違うぞ**と言われていました。こちらから「一方的に伝えたつもり」では相手がキャッチできません。相手への思いやりのない聞き方では言葉を発しているだけ。「伝えているつもり」になっているのです。

コツは**「余白を持たせた質問ができているか」**です。

余白とは、話を聞いた相手が、聞いたことからイメージして考える余裕のこと。人は話を聞いても考える時間がないと理解につながりません。

絵も余白があると、見ている人にその余白の部分のイメージをゆだねられます。たとえば、白いキャンバスに野原が広がり、ぽつんと家が立っていて、空がえがかれているとします。その絵をただながめたり、どこかで見た自分の原風景と重ねたり見方はその人それぞれ自由。その絵にえがかれている以外のことも感じられるのではないでしょうか。作品の一部として余白を楽しみ、想像することで完成する。

もしそれがキャンバスいっぱいに大きな家がえがかれていたらどうでしょう。その絵から想像は広がりづらいと思いませんか。

テレビもそう。次から次に映像が展開されるとついていけません。たとえば懐かしい自分の故郷の映像が流れる。すると「あぁ、去年の夏以来帰ってないな」「次はいつ帰ろうかな」というような想いが出てくるとします。でも、それを感じる間もなくすぐ次の映像に切り替わったらその一瞬を思い出すこともできなくなってしまいます。

質問も同じ。**質問を投げかけたら相手が考える余白、間が必要です。**

受け取る相手が、考える余裕を持った質問ができるかが大事。ついつい自分本位にあれもこれもと話しすぎて、自分の言葉で埋めすぎないようにしてくださいね。**聞き上手さんは相手本位、聞き下手さんは自分本位。**私もそうならないように気をつけています。聞き下手さんの例をあげます。

「年賀状って毎年書くのが面倒で、去年は結局年末までかかってつくったんだよ。手書きで書くのは大変、でも実際もらうとうれしいし、今年はどうしようかなって悩んでてさ。Aさんは毎年年賀状ってもらうとうれしい？　今年はどうしようかなって思っていてさ。結構時間取られて大変なんだよね。住所の管理とかさ、いろいろ考えるだけで気持ちが上がらない。なんかいい方法ないかな？」

このように聞かれたらどうでしょう？　こちらの知りたいことを詰め込みすぎていると渋滞して相手が答えづらくなりますよね。相手は他者が言った情報の3割程度しか受け取れないもの、と考えるとうまくいきます。「こちらが言いすぎない」ことに気をつける。**質問にもがまんが大切です。**

「年賀状って毎年つくるの面倒だけど、実際もらうとうれしいものなんだよね。毎年どうしている？」

こうすると相手にゆだねる部分が出て、受け取る相手が答えやすい投げかけになります。相手に心地よく聞いて話してもらうために、「息継ぎタイム」をつくること。

絵も余白、テレビも余白、相手にとって考える余白が必要です。シンプルに質問して、「どうぞ」と相手にパスする。その間をとってみるだけでも違いますよ。

次の項目では、そんな「深い話題ができる、パワー・クエスチョン」を紹介します。

金星メソッド その6

余白は埋めるものではなく残すもの

～質問するときは相手に「余白」という愛を詰め込んでパスしよう～

深い話を引き出す「5つのパワー・クエスチョン」

営業のヒアリングの場面や、NHKの体当たり取材で、とっておきに使えた5つの「パワー・クエスチョン」をシーン別に紹介します。

【聞きテク①】「もし」は想像を膨らませる最高の言葉

あなたがお客様や相手に質問するとき「もし」をどのくらい使っていますか？

「いつまでに何をしたいですか」と問題を洗い出して、そのためのタスクを出してと現実的なことを聞くだけになったらもったいないです。

ビジネスのシーンで「もし」は効果的です。

「もし」を使うと現実から離れて何でもOKなので自由な発想が浮かびます。

「もしお客様が車を購入されるとしたら何色がお好みですか？」

「もし休みが1ヵ月あって海外旅行に行けるとしたらどこに行きたいですか？」

「もし声の悩みが何でも解決できるとしたら、一番に何を解決したいですか？」

お客様へのテストクロージングにもなります。「もし」という質問は「そうではない」選択肢もあるので、あくまでも逃げ場を用意して楽な状態で話してもらえます。また、「仮定の話」だからこそ、言いたい放題に言える。思わず「本音が見えてくる効果」があるのです。お客様の潜在的なニーズを察知できる可能性もあるので、あえて非現実的な質問をしてみてください。思いもよらない答えが返ってくるかも。

「もし明日1億円手に入るとしたら、何がしたいですか？」

「今、社員が10名いますが、もし100名になるとしたらどんなことしたいですか？」

「もし『マツコの知らない世界』に出演できるとしたら何の専門家で出たいですか？」

何だかワクワク度が上がりませんか？　特に3つめの質問は「こんなこと初めて聞かれた。私だったら何だろう。初めて考える」なんて言われます。

相手にいい想像させるって、すごく大事なのです。

妄想話は面白いですよね。何でもありですから。想像がモクモクと膨んで話も盛り上がる。「そうなったら楽しいね」って。研修やセミナーを運営する梅ちゃんという友人はセミナーの最後にこんなことをしています。参加者全員に目をつぶってもらい

「あなたは何でもできる人です。
もしあなたが偉大なチームをつくるとしたらどんなことを達成したいですか？
もしあなたの夢が叶ったとしたら？　日常がどんなふうに変わっているでしょう。
達成したそのとき、目の前には誰がいてどんな声をかけてくれていますか？
それを聞いてどんな気持ちになりますか？」

と聞いています。私は何度もこの想像体験をしていますが、本当に現実になったか

のように顔がほころんでしまいます。**「もし」の力は無限です。**

私は2024年4月に起業し（株式会社ちゃんこえ）、いろんな方から

「今後は会社をどう大きくしていく予定ですか？」
「3年後、この会社をどうしたいと思っていますか？」
「将来の展望は？」

と聞かれます。何だか襟《えり》を正して真面目に答えようと思ってしまうのですが、

「もし、『ちゃんこえ』がどんな企業とでもコラボして何でもできるとしたら何をやりたい？」

と聞かれるとワクワク度がドーンと上がります。何の制限もないし何を考えてもいいのですから。「どんな企業とでもできるなんて……」と楽しくなっちゃいます。スッと「日本文化を広める会社とコラボして海外でも大相撲の魅力を伝える講演がした

い」と出てきました。楽しい質問をされると、答えもスルスル出てくるもの。
「もし」という話と「3年後どうしてるか?」は一緒の意味。ですが、受ける印象が全く違って気楽に答えやすくなります。あなたも「もし」をうまく使って相手の本音を聞いてみてくださいね。

金星メソッド その7

問いただす質問ではなく、相手をワクワクさせる「もし」で聞いてみよう

〜ワクワクすると自然と楽しい発想が生まれる〜

【聞きテク②】

土壇場で本音を引き出す「最後にひとつだけ」

人気刑事ドラマ『相棒』で水谷豊さん演じる主人公・杉下右京警部が得意とする「超・

質問術」のひとつ、

「あ、そうそう。最後にひとつだけよろしいでしょうか？」

「もう終わり」というタイミングでのこのひと言で相手は思わず、黙っていた本音や忘れていた事実、核心につながる情報を口にする――。**この「最後にひとつだけ」というのは会話でも効果を発揮するマジカルフレーズ。**

「これで最後」と言われると、「もうちょっとがんばるか！」とふんばれるもの。さらに「ひとつだけ」と言われると、「それくらいなら」とハードルが下がります。私は嘘つきにならない程度に程よく使っています。

NHKの大相撲取材時、付け人から「じゃあ、この辺で」と取材を切り上げられそうになったときに、

「これで最後です。ひとつだけ、聞かせてください」

と質問すると、「最後なら」「じゃあひとつだけ」という感じで、もうひとがんばりして答えてくれました。生放送も同じ。ラジオでゲストにインタビューする際、時間的に最後の質問だと思ったら「では最後の質問です」とふると、ゲストは改めてしゃんとして、締めにふさわしい言葉を言ってくれます。「最後」を使わない例では、

「今後の展望を聞かせてもらえますか？」

一方で、「最後」を使った例としては、

「では最後の質問です。『今後こんなことを達成したい』と思うことを聞かせてもらえますか？」

どうでしょうか。印象が変わるのがわかりますよね。ときには「最後に」と言いつつ、そこから話が広がって「全然最後じゃないじゃん」と突っ込まれたことも。その通りで「最後に詐欺だな」と自分でも思うのですが、そういうときほど「いい話、お

いしい話」に出会えます。

最後のふんばりのきっかけに、「これで最後」を使ってみてください。

おまけ話ですが、営業時代にそろそろ会社に戻る時間が迫ってきたら、最後にあと一件だけ飛び込んで帰ろうという決まりをつくっていました。最後に一件だけなら疲れている体でも何とかできるもの。自分を奮い立たせる言葉でもあるのです。最後に一件飛び込んだ会社で受注したことが何度もあります。

「最後にひとつだけ」――人間の心理を突いたマジカルフレーズ。ビジネスでのヒアリングにかなり有効です。

金星メソッド その8

「最後にひとつだけ」つけるかつけないかで相手の気持ちが変わる

〜相手を奮い立たせてあと押ししよう〜

【聞きテク③】

「実際のところ」は本音を言いやすくするあと押し

「腹を割って話そう」

大泉洋さん出演のテレビ番組「水曜どうでしょう」で藤村忠寿ディレクターが言った名言の一つ。私はこの番組の大ファンで、藤村ディレクターと大泉洋さんの深い信頼関係がよくわかります。

お二人のように気心知れた仲では「腹を割って話そう」はできますが、初対面の人や、そこまで関係性が深くないと腹を割って話すのは難しいもの。

そこで、腹を割って本音で話そうとまでは言える関係ではないけれど、相手の本心を知りたいときには「ぶっちゃけ」という言葉を入れて聞いてみてください。「本音を言っても大丈夫」と相手の背中を押すパワー・クエスチョンです。

「ぶっちゃけ、どうですか？」

ライトな言葉づかいですが、一瞬でカジュアルな空気感にでき、相手と距離が縮まる役に立つフレーズ。「会話がかたい」「リラックスして本音のところを聞きたい」そう思ったら「ぶっちゃけて言うとどうですか？」を差し込んでみてください。表立って大きな声では言えない本心をカミングアウトしてほしいときにぴったりです。

「ぶっちゃけ、うまくいってます？」

「開催に至るまで大変だったのではないでしょうか？　実際のところは？」

「ぶっちゃけ」を丁寧にした「実際のところ」「率直に言うと」と言い換えればＯＫです。

「大相撲を生で観戦するのは初めてでしょ。ぶっちゃけ、どうだった？」

「この連敗、膝《ひざ》のケガの影響があるという声もありますが、実際のところどうですか?」

というように、プライベートでは「ぶっちゃけ」、インタビューやラジオのゲストトークなどでは「実際のところ」とシチュエーションで使い分けています。

金星メソッド
その9

会話がかたい、本心を聞けていないと思ったら「ぶっちゃけ」「実際のところ」を差し込む

〜相手の緊張がほどけて素顔が見える〜

【聞きテク④】質問しにくいときこそ直球に

当時、全日本学生新体操選手権大会で15連覇中だった、無敵の強さを誇る青森大学男子新体操部を取材したことがあります。

当時の監督は男子新体操界のレジェンド、中田吉光さん。チームを優勝に導く名将で、たたずまいに威厳があり、多くを語らないシブさがあります。徹底した完璧主義ゆえに、見えている現実とゴールの差を厳しく指導することも垣間見えました。

また、実技の完成度だけを指導するのではなく、「チームとして何が大事か」「一人一人の役割」など、心の在り方も指導されます。まるで現代の武士道。監督が発するひと言で空気がピリッとする、そんなときもありました。

そんな雰囲気をかもし出している監督にカジュアルに話しかけるのは簡単ではありません。臆病な私は、この張り詰めた空気から質問しづらく気づかうばかりに長ったらしい聞き方をしてしまいました。

「いやー、連戦連破の王者の貫禄が見えます。練習ひとつから完成度の高さをうかがえます。素人目ながら、次の大会も優勝は間違いないような気がしますがいかがでしょう。主将もチームを引っ張って活気あふれていますし。例年と比べたらどうでしょうか」

まるで質問になっていません。聞きたいことを聞けずに気づかいと質問がぐるぐる回っていて最後の釘が刺せていない。

そういう聞き方ばかりしていたので、結局、監督からも「ああそうですね」「その通りだよ」くらいの答えしか返ってこなかったのです。「もっと質問のしかたがあったんじゃないかな」「取材者として失格だ」と反省した経験があります。当時はどのように聞いたらよいか、要領を得ていなかったのです。

「ニュースシブ5時」でディレクターをして1年目、番組プロデューサーから

「田中の質問のしかたって本質を得てないよね」

とグサッとくることを指摘されたことがあります。相手の表情を気にするあまり、相手に同調するような聞き方しかできず、「結局、何を聞きたいの？」とよくわからなくさせていました。たとえば、会見でも質問者の質問が長くて答える人が聞き返すことありますよね。そうなってしまってはダメです。質問した瞬間に、相手が答えを浮かべられるくらいじゃないと。質問は簡潔にしないといい答えは返ってきません。聞きにくい質問こそ短くする。監督に聞くときは、

「今回の大会も連覇がかかっていますが、実際のところ自信のほどはどうですか？」

って、パンって聞けばよいのです。聞きづらいことこそ、パンパン聞けるようになったのもこういう経験からです。

監督は威厳があり厳しい印象もありますが選手思いのとても優しいハートフルな一面も存じています。取材の経験上、横綱、幕内力士、著名人など、超一流の方ほど人格者で気さく、実は物腰やわらかなんだと感じています。

こちらが相手のお名前や経歴、凄さを知っていると尻込んでしまいそうになりますが、「聞きづらい」という雰囲気にのまれてはいけません。実はストレートに聞いたほうがスムーズにコミュニケーションができるのです。**どんな質問でも「愛と敬意」を忘れなければ大丈夫。その想いは言葉足らずでも相手に伝わるはずです。**

また、上の立場であればあるほど、厳しい質問、鋭い質問には慣れていらっしゃるので変に気をつかわなくても大丈夫。こちらがぐるぐる考えるのではなく相手の懐の深さに「お願いします」と甘えていけばいいのです。

「愛と敬意を持ってストレートに聞く」。相手が目上の方であってもこのことを忘れなければ大丈夫。中田監督またいつかインタビューさせてください！

金星メソッド
その10

ビクビクするほどの大物相手は愛と敬意を持ってストレートに聞く

〜思い切って相手の懐に飛び込んでみよう〜

【聞きテク⑤】

質問をしながら持ち上げる方法

次の質問、どちらが受け手として気分よく話しやすいでしょうか？

A「営業マンからアナウンサーになったきっかけ、何度も同じ質問を受けていると思います。恐縮ですが、教えてください」
B「営業マンからアナウンサーになったところが一番面白いと思ったんです。きっかけがどうしても知りたくて！　教えてください」

Aは「何度も聞かれている質問ですみません」、と聞くこと自体に申し訳なさを感じています。Bは「一番面白い」や「そこが知りたい」とポジティブな言葉がついていて、純粋に興味があり聞きたいという気持ちや熱量が伝わってきて答えたくなります。先ほどの青森大学の中田監督への聞き方を添削してみると……、

「今日の練習を見ていて、調子よくていけるんじゃないかなと思いました。連覇の自信のほどはどうですか？」

ポジティブな言葉を前につけた上でストレートに聞く。すると「いやいや、そう言ってもらってうれしいんだけど、まだまだなんですよ」と言うかもしれないし、「そういうふうに見てもらえてうれしいです。今回、自信あるんですよ」と答えてもらえたかもしれないです。

私がインタビューをするときに「自分の心が動く聞き方」をしているかどうかを大切にしていています。調べたらわかること、メールであとで確認すればいいこと、「連勝数」などのハード情報は本人に聞くことではありません。せっかく本人が目の前にいるのにそれだけで時間を使うのはもったいない。

聞きたいのは調べてもわからない「想い」のところ。本人に聞く意味はそこにあるのです。想いを聞くには「なぜそう思ったのか」「やってみてどう思ったのか」というように「質問をする自分の心が動く」質問をするようにしています。

振り返ると営業のころ、すぐに「すみません」と言う後輩がいました。後輩がある資料を探していたので渡してあげると「すみません」と言うので、

「悪いことをしているわけじゃないんだから、『すみません』って言う必要ないよ。『ありがとう』におきかえたほうが相手はいいと思うよ」

と伝えたことがあります。たったひと言で受け手の印象がグンと変わるので、ぜひプラスの言葉を添えて聞いてみてください。

金星メソッド その11

どんな質問もポジティブな言葉を加えることで気分が上がり、答えやすくなる

～相手の気分を上げて真の想いを聞こう～

会話に弾みがつく「ショート・クエスチョン」

弾む会話というのはリズムとテンポがよいもの。リズムやテンポのよい会話とは何か。それは話の合間に、**短いフレーズの質問（ショート・クエスチョン）**を挟んでいるんです。たとえば、

A「この間、初めての体験をしてきたの！」
B「え！　何？」
A「国技館に初めて大相撲を観に行ってきたの」
B「へぇ！　どうだった？」
A「生で観るとやっぱりいいいね。迫力が違う」
B「おお、迫力。どんな感じ？」

A「バチーンと力士と力士があたる音が聞こえてきて、カッコよかった」

B「へぇ！　それでそれで？」

A「相撲の知識がなくても興奮する。拍手もダイレクトに聞こえてくるし」

B「で、で？」

A「もうドハマりした。来場所も絶対行きたい」

特に「何？」「どんな感じ？」「で、で？」といったショート・クエスチョンがより軽快なリズム感を生み出しています。「初めての体験ってどんな体験？」ではなく「なに？」。「生で観るのとテレビ観るのどう違うの？」ではなく「どんな感じ？」。というように相手がノッてきているときにはぜひ短いクエスチョンでさらに弾ませましょう。トランポリンのようにポンポンいきたいですね。相手は興奮状態で聞いてほしいので、自分の話を挟むのはほどほどに、と肝に銘じています。

逆に長い質問をするとせっかくのリズムが崩れ、話が滞ります。まとめとふりが長い人はわかりやすくしようと、しっかりまとめてから次の話題へいこうとするのです。

自分の話も入れて、完全に話の腰を折っている状態です。

話を盛り上がりやすくするのに「テンポは命」です。

相手が興に乗って話しているときは、まずはリズムとテンポ重視でOK。**「それで？」「次は？」「ちなみに？」など「3、4文字」程度の相づち質問がおすすめです。**ショート・クエスチョンで話を加速させる。すると相手はリズムに乗ってポンポンと答えてくれるし、それに合わせてテンポもよくなっていきます。

相手は運転者、あなたはアクセル。短い相づちの質問でアクセルを踏むように話を加速させましょう。

金星メソッド その12

相手の話が軌道に乗るように途中の質問は3、4文字くらいの相づちのような質問で！

～短い相づち質問で話を加速させよう～

沈黙も会話のうち、待つことで生まれる「あるもの」

「沈黙」という言葉からどんなことを想像しますか？　よいイメージ？　それとも悪いイメージ？　どちらかというと後者のイメージではないでしょうか。

今まで会話していたのに、プツッと途切れてしまうとどうしたらいいか焦ってしまうことありますよね。間《ま》が怖くて話し続けてしまう。私もよくありました。間ができると思わず埋めようとしていたことが。

特に初対面の相手との沈黙ほど怖いものはありません。

ラジオでのインタビューはコロナ禍が始まってからの3年間はすべて電話でした。顔を見ずに電話だけで話す20分間——。表情が見えない分、お互いの声がぶつかることもありますし、少し間ができると「どっちが話す？」みたいな空気になります。

私はそういうとき、基本的に相手が話し出すのを「待つ」ようにしています。**相手からより深い話や情報を引き出したいときには「沈黙」がとても大事な時間になるからです。**

インタビューしていると、質問に対してゲストの方が「う〜ん」と考え込んで沈黙になることがあります。私の場合、口の重い力士や一般の方を取材する機会が多いこともあって、頻繁に「沈黙」に直面します。そんなときこそ「待つ」。

その沈黙は相手が質問をよく考えて一番いい答えを探している、いわば「シンキングタイム」。その時間を**「それってこういうことですよね?」とまとめようとしない。相手のじゃまをせず「待っていますから大丈夫です」という思いで待ちます。**

そうした姿勢は、「この人は真剣に私の話を聞いてくれている」「私の話をちゃんと受け止めようとしてくれている」という信頼にもつながっていくのです。

私が聞くときに心がけているのは、相手と私の間に「安心した空間をつくること」「温かいドームをつくること」です。「安心して自分らしさを出してほしい」、最終的な会話の舵取りはしますが、話すペースは相手に合わせています。

頭の回転が早く、早口な方はテンポよく、ゆったりかまえて話す方はこちらもゆったりと。そのおかげで、ラジオでインタビューをさせていただいた方からこんなうれしい感想をいただきました。

緊張していたところ、田中アナウンサーから「人を安心させる力」を体感。初対面で安心して身をゆだねられると感じさせてくださる方がおられたことで、必要以上に緊張することなく、生放送を終えさせてもらいました。こちらが伝えたいことをしっかりとキャッチされるという想いが、安心感につながったように思います。

相手がその人らしく話せること。そしてその人の魅力を引き出して広げること、深めることが聞き手の役割。

実は私が「沈黙を待つことの大事さ」に気づけたのは、アナウンサーになる前、リクルート求人広告の営業をしていたころのこと。

売れっ子の男性営業マンがいました。声も体も小さくて、「あれAさんいたの?」

というくらいの存在感。物静かでしゃべるのは一言二言。そんなAさんですがいつも営業成績はトップでした。

「Aさんはしゃべらないから売れるんだよ」

と別の先輩が言っていて、「しゃべらない営業が売れる」という理由を当時はよくわかりませんでした。それがわかってきたのは営業3年目、やっと売れてきたころです。

一番営業として緊張するのは、お客様が求人広告をやろうと決断するタイミング、つまり、お客様へのクロージングタイム。特に金額を決めるときが一番ナーバスになるところです。「本当にこれでいいかな」と迷われるお客様もいらっしゃいました。そういうとき、沈黙が訪れることが多いのです。

「広告費で100万円。これで大丈夫かなぁ……」と相手が迷って考え込む。そのときに「早く売りたい」「結論を聞きたい」とこちらの欲がでてしまうと

「費用対効果を考えたら絶対にお得です」

「今やりましょう」

と、最後の一押しといわんばかりに口を出してしまう。すると「押し売られ感」が生まれてしまい、「やっぱり、もう一度検討する」と考え直されるケースにもなってしまいます。

私はお客様から「次のひと言」が出てくるまで、ずっと黙って待つようにしていました。結論を早く聞きたいけど沈黙に気詰まりしてもガマン。その沈黙がしばらく続いてもガマン。お客様から質問されたときには答えますが、そのあとはまた黙る――。

結果的にはそのほうが契約が成立する確率は圧倒的に高かったのです。沈黙を待つほど、黙れば黙るほどに受注できるようになったのです。

相手からより深い話やいい決断を引き出すためにも、「沈黙を待つ」勇気と心の余裕を持つことを学びました。

沈黙は怖いものではありません。悪いイメージもありません。こちらが怖いと感じるほど、相手はそう感じていないことも多いのです。

間を楽しんで、相手を信頼してみてください。沈黙をガマンできたら自分を褒めてくださいね。

「待つ」がよい効果を生むのは大相撲の取材現場でも活きました。次に続く。

金星メソッド
その13

沈黙も会話のうち。相手を信頼して待つことで生まれる信頼関係

～沈黙は相手のシンキングタイム～

「沈黙もコミュニケーション」大相撲力士編

沈黙といえば力士も寡黙なイメージがありませんか？

これは営業時代に身につけた「待つ」ことで、よいコミュニケーションになった大相撲取材の経験談です。デビューからわずか5場所で関脇昇進というスピード出世で世間を驚かせた元関脇・逸ノ城《いちのじょう》関。取材した時期は2017年、大阪場所前に朝稽古取材に行ったときのこと。

逸ノ城関は、当時、身長190センチ超、体重220キロ。幕内力士のなかで最重量のモンスター級の大きさ（褒め言葉です！）。私は身長156センチなので圧倒的で、存在感があります。決してニコニコと愛敬を振りまくタイプではありません。大相撲中継で見る関取の返答は一言二言。しゃべらない力士の代表格と言ってもいいでしょう。あまり多くを語らないので何を考えているのかわかりにくく、話を引き出すのが難しい……と感じました。

「逸ノ城関、春場所を間近に控えて調子はどうですか？」

「…………まぁいい感じです」

「2場所連続の金星、どんなお気持ちですか？」

「…………とれてよかったです」

「質問、聞こえなかったかな？」と思ってしまうくらい、ゆっくりとした間があって、ようやくボソっとひと言答えてくれる。

取材する側としては「もう少し話してほしい」「深い話を聞きたい」と、じれったく感じることもありました。いつもの自分だと「何とかしゃべってもらおう」とあの手この手で必死にアプローチしたものです。特にテレビでは相手に言葉で言ってもらわないとわからないため、「ちゃんと話してもらおう」と思っていました。

――いや待てよ、こんなときこそ営業時代の「待つ」の出番。

よくよく観察してみると、なんだかしゃべらない姿も可愛いらしいではありませんか。なんだかモフモフしていて「ぬ～ぼ～」っぽい。子どものころ、森永製菓が発売したお菓子のマスコットキャラクター「ぬ～ぼ～」の「大きくて、のんびり、ゆったり」というイメージが、逸ノ城関とダブって見えたのです。あの黄色いキャラクターです。バリバリしゃべっているイメージはありません。

そう見えてきたら、なんだか彼の寡黙さも、ゆっくりした話し方も、独特の存在感も、すべてが可愛らしい、愛おしいという気持ちになってきたのです。

私にとっての逸ノ城関は「愛すべきぬ～ぼ～」。その「ぬ～ぼ～」が今、私の質問に答えようと一生懸命に考えてくれている――。そんなふうに考えたら、**「もっと話して」という自己都合の焦りは消えました。**そして、彼が話し始めるのを笑顔でじっくり待つことが取材の楽しみになったのです。

相手に話をさせようではなく、相手を観察して、まず相手のよさを味わう。

そして、相手のよさに気づく。何も話さないたたずまいは、土俵の上での激しさはなく、なんとも穏やかで優しい雰囲気でした。言葉は少なくともひと言ひと言が誠実に伝わってきました。
話してくれない相手にもどかしく思うのはこちらの一方的な気持ちです。沈黙もコミュニケーション。**待つ時間は相手を信頼している証。**しゃべらない相手と話すときは相手のペースに合わせて、まずは相手の様子を観察しましょう。言葉にならない雰囲気もしっかり味わって感じて、どっしり受け止める横綱相撲でいきましょう。

金星メソッド
その14

無理に言葉を引き出さない。まずは相手の雰囲気、よさを味わうところから

〜沈黙から生まれる信頼関係はよい空気が生まれる〜

コラム
会話は心の交流。あえて聞かないから、聞き出せることもある

NHK『ニュースシブ5時』で制作した忘れられない思い出の取材があります。「西日本豪雨から半年　被災地の今」というテーマで放送した、ある相撲大会の存続に向けた取り組みを追うドキュメンタリーです。

愛媛県西予市《せいよし》野村町《のむらちょう》では毎年11月に「乙亥《おとい》大相撲」という相撲大会が開かれています。江戸時代から続く伝統行事で、大相撲力士とアマチュア力士の直接対決や赤ちゃんの健やかな成長を願う「稚児土俵入り」が行われる、野村町の伝統行事。

ところが2018年に発生した西日本豪雨で愛媛県西予市が被災し、乙亥大相撲も存続の危機に立たされました。当時の私はディレクターとしてこの乙亥大相撲の存続を願う地元の人たちを取材することにしたのです。

最初に悩んだのは大勢いる乙亥大相撲の関係者のなかで軸になる人物、主役を誰にするかでした。運営側の人か、出場する力士か、子どもか、大人か――。

迷った結果、乙亥大相撲で長年、呼出し（土俵上で力士を呼び上げる人）を担当している山本耕三さんを主役として取材することに。家が豪雨で流され被災し、

奥様と2人で仮設住宅に住んでいる耕三さん（当時74歳）に、密着させていただくことにしたのです。

快く引き受けてくださったのですが、被災地での取材はすごくデリケートなもの。素晴らしいことを讃える取材は聞き手も話し手も話しやすいもの。

ですが被災地の取材はどうするのがよいのか、かなり気をつかいました。被災されている方の気持ちや置かれている状況を考えれば、普段のインタビューのようにできません。

それに、私から「〇〇ですか」「△△ですか」と聞きたいことを矢継ぎ早に聞きすぎると、相手は聞かれたことだけに答えようとしてしまいます。すると、本当に大事な想いを聞きそびれてしまうことも――。

耕三さんが抱えている辛さや不安、復興への希望、乙亥大相撲の存続に向けた想い。そんな心の声を聞かせていただくにはどうすればいいか。

コラム

私は、聞かずに「待つ」ことにしました。

カメラを回しているときも回していないときも顔を見せて、そばにいて、同じ空気を感じながら思いが言葉になるときを待つことにしたのです。

愛媛と東京・渋谷（ＮＨＫ）ですから、そう何度も行き来はできないのですが、できる限り時間をつくって耕三さんの元を訪ね続けました。

そうするうちに気心も知れて耕三さんは私のことを「ＮＨＫの人」ではなく名前で「知ちゃん」と呼んでくれるようになりました。一緒に飲みに行ったり、相撲好き同士の話で盛り上がったり。「知ちゃん、次はいつ来る？」「野村町のお土産なら〇〇がいいよ」と、家族のように迎えてくれるようになりました。被災された状況なのにこちらのことまでも気づかってくれる。そうした関係性ができたことで心に溜めていた思いや本音も「知ちゃんになら」と打ち明けてくれて、たくさんの話を聞くことができたのです。

耕三さんの「よっしゃ！」と気合を入れる様子、呼出しの練習をして上手くいかないときのひとりごと、大会が無事に終わって感極まって涙があふれる様子。そのままの耕三さんの気持ちを撮影することができました。

このドキュメンタリーはオンエア後、「NHKセンター長賞」を受賞しました。作品として評価されたこともうれしいのですが、それ以上にこの取材を通じて得た、ひとつの学びにも大きな価値を感じています。

それは、**「心の扉は、こちらから働きかけて開けるものではなく、その人自身に『開けてもらう』もの」**だということ。**ドアをガチャガチャと開けようとするのではなく、一度ノックをして来訪者がいることを伝えたら開けてくれるのを待つ。ときにはその心構えも大事だということです。**

聞くこととは「待つ」こと。聞かないからこそ、心からの声を聞き出せることがある。全ては言葉で説明しなくても感じることができるということ。

この取材をきっかけに、耕三さんとの交流は放送から6年経った今も続いています。

3章

もっと話したいと思われる聞き方

反応が格段に変わる「会話の入口」

どうやったら相手に興味を持ってもらえるのか、話を聞きたくなるのか。

その会話の入口づくりは超重要です。相手のおへそをこちらに向けてもらい聞く気にさせる準備ですね。

ポイントは**「いかに『自分ごと』として聞いてもらえるか」「いかに身近なことにできるか」**です。

会話の入口で聞く気にさせる準備、どのくらいしていますか？

私はこんなことをやっています。

【会話の入口①】「へぇ〜」で食いつきが格段に変わる

あるとき、明治大学で学生に講義をさせていただきました。テーマは「大相撲の取材現場で培ったコミュニケーション術」。若い世代に「大相撲の話は聞きにくいのでは」と思ったので、こんな話からはじめてみることに、

「明治大学出身の有名俳優といえば、誰を思い浮かべますか？」

←

「実は高倉健さん明治大学出身だって知っていました？」

←

「実は高倉健さんのお父さまが相撲と縁のある方だったそうで、その影響で高倉健さんは相撲部のマネージャーをしていたんです。」

会場のあちこちから「へぇ〜」という声が。この話題を伝えて明治大学相撲部は100年以上続く歴史ある部活だと伝えました。会話の入口に「へぇ情報」を入れることで、明大生のおへそはこっちに向いてくれたと思います。

このように**会話の入口は「共感＋『へぇ情報』をセット」にするのが効果的**です。

「明治大学出身の有名人は？」という振りで同じ大学の話で「共感」。

高倉健さんが出身、さらに相撲部のマネージャーという話で「へぇ情報」。

話の食いつきがよくなったところで明大出身の力士の話、受講している学生と同年代の力士がいくらの給料をもらっているかを話したのです。

身近な話から始めて、興味を持ち続けられるようにしながら、こちらが伝えたい話（本題）につなげていきます。相手が身近に感じてもらえるにはどんな話題がいいのか。

「共感」＋「へぇ」を入れましょう。

もうひとつ別の例を紹介しますね。

某ガラス協会で「大相撲から学んだ金星コミュニケーション」の講演をしたときのこと。

講演を聞くのは協会の会員様で、どのくらい相撲に興味があるか未知数でした。そのため、相撲を身近に感じてもらおうとこんな話をしてみることに。

「土俵をつくるのに瓶ビールのガラス瓶ってとても重宝するんです。かたいものなら

なんでもいいわけではなくて、土俵の俵をうまく丸めるのに瓶ビールがいいんですって。ガラスはとても便利なんですね」

と、相撲とガラスの話をつなげて伝えてみました。

会員様にとって愛着があり、馴染みの深いガラス　＝　共感
土俵づくりに瓶ビールのガラス瓶が重宝している　＝　へぇ情報

この組み合わせです。すると、「へぇ～知らなかった。そんなところでもガラスが役立っているんだね」と一気に話が盛り上がりました。ただ知識を述べるだけではなく、相手とどうやったら距離を縮められるかのヒントにしてみてください。

話したいことと相手の情報をくっつけるのです。

「フリートークって最初に、何を話せば盛り上がりますか？」と相談を受けます。

同様に、**「相手との共通点＋『へぇ情報』」**にしてみるのがコツ。

共通点は目の前の人との共通項に限らず、時期的なもの、季節の話、流行りの話もよいです。広くあてはまる共通・共感の例はこちらです。

「もうすぐ桜が咲く季節ですね。お花見する場所はいつもここと決めていますか？花見といえばここというおすすめスポットはありますか？」

「この季節になると食べたくなるのが鰻、もう食べました？」

「共感＋へぇ情報→本題」の流れです。入口はこれでＯＫ！

金星メソッド その15

会話の入口は聞き手が興味をそそられる話題から

～「共感」と「へぇ情報」をセットにした下準備を～

【会話の入口②】

初対面でも、どんなときでも即使える

私は20代のころはリクルートの求人広告を販売する「飛び込み営業」をしていて、毎日、会う人すべてが初対面。しかも、そこで信頼関係を築くためには「どう初対面の相手と会話で、いい空気をつくるか」に気をつけていました。

相手の警戒心を解くためにはどういうひと言が効果的か。また、何の接点もないまったくの初対面のお客様との会話では、何を話題にすればいいのか——。

飛び込みで訪問した先では「目に入った気になるもの」に意識を配るくせをつけていました。それを会話の入口にするのです。たとえば飛び込んだレストランの入口に変わったオブジェが置かれていたら、

「エントランスのオブジェ、素敵ですね。有名な方の作品なんですか？」

「ああ、あれね。開店祝いに知人のアーティストがつくってくれたんですよ」

他にも、店内のあちこちに生花が飾られていたら、

「お花がたくさんあって華やかですね。お花はどうやって選んでいるんですか？」

「社長が花好きで、月ごとにテーマを決めてアレンジを発注しているんです」

オフィスのロビーに社訓が掛けられていたら、

「『挑戦なくして革新なし』っていい言葉ですね。どなたの言葉なんですか？」

「確か、弊社を創業した先代の社長の座右の銘なので」

と、相手が楽に返せる質問から始めていたのです。本題の営業の話はさておき、です。相手が楽に返せる、なおかつ返したくなるきっかけからはじめると「この人、うちの会社に興味を持ってくれている」と感じてくれます。

訪問した会社の社長室に、「スター・ウォーズ」のフィギュアがズラリと飾られていたときはスター・ウォーズ好きだとすぐわかりますね。

「『スター・ウォーズ』一色じゃないですか。ここまで集めるの大変なのでは。これはレアものなんじゃないですか」

「そうなんだよ。昔から大ファンでね――」

という感じで一気に会話が弾み、お客様の〝懐に入る〟ことができました。

このように会話の入口になるセンサーを敏感にしておくと、全体を見渡したときに何をきっかけにしようか、一瞬でわかってくるようになります。

何を話せばいいか思い浮かばないときは「今、目に見えているもの」そのなかでも「こだわりが感じられるもの」が話題のヒントになります。

プライベートでもビジネスでも、話題に困ったら見回して、「今、見えているもの＋こだわりが感じられるもの」に意識を向けてみましょう。そこには会話のとっかかりになるネタがいくつも転がっています。

本題に入る前にまずは相手に興味関心があることを伝えるために見えたものから「いいな」と思ったことにふれてみましょう。会話の入口になるもの、お店や会社の飾ってあるもの、置いてあるものに興味を持って、本題に入る前に、ちょい褒めできるところを伝えてみる。

ちなみに、おまけ情報。

初対面で目を見るのが苦手という相談をよく受けます。じっと相手の目を見るのをがんばる必要はありません。そんなときは「相手の鼻のあたり」を見てみてください。相手からは目を合わせているように見えるので、目を合わせるのが苦手という方は試してみてくださいね。

金星メソッド その16

初対面で相手の情報がないときは、目に入ったものでこだわりを感じられるものから話してみよう

〜会話の入口になるセンサーを常に敏感にしておこう〜

一気に距離が縮む「共通点」の見つけ方

同じ出身地、同じ大学、同じ趣味、共通点が見つかると自然に会話が盛り上がります。親近感も湧きますよね。距離を縮める共通点、どうやって見つけていますか？

「とにかく話しかけられやすい人になる！」これが大事です。

会話の共通用語として親近感が湧くのは方言です。

青森のＮＨＫに勤めていたとき、地元の市民劇団に入り津軽弁の劇に挑戦していました。津軽弁は、同じ青森でも私が生まれ育った八戸市（南部弁）とは全く違います。頻度が高く使われる津軽弁のなかでも「だびょん」を聞いたときは衝撃でした。この言葉から想像できませんが「～でしょう」という意味です。

「なんだその津軽弁はー！　私も使いたいっ！」と初めて聞いたときは全く意味がわ

からないけどとてもインパクトがありました。音の響きが可愛くて、私も「そうだぴょん」「いいぴょん」と使うように。

ぎこちなくても、使い慣れていなくても使ってみる。同じ言葉を使うことで生まれる一体感。仲間意識が芽生えます。**仲間だから同じ言葉を使うのではなく、同じ言葉を使うから仲間意識が生まれるのです。**

相手が使っている言葉で「それいい！」と思ったらどんどんまねして使ってみてください。自然と共通認識、仲間意識が生まれます。

金星メソッド その17

相手と同じ言葉を使って距離を縮めよう

〜「それいい！」と思った言葉をまねてみよう〜

会話が弾む人は
さりげなく褒めるのがうまい

どんな人とも、さりげなく会話のきっかけをつくれて、相手に「もっと話したい」と思われる方法が**「相手を褒める」**です。褒め言葉には伝えるほうも伝えられるほうも気分が上がる、プラスのスイッチがあるのです。

ただ、「何を、どう褒めればいいのかわからない」「下手に褒めるとセクハラになるかも」と悩んで結局、言わないでおこうとなることも。特に初対面の相手だと、どこを褒めれば「気分が上がる」のか「刺さる」のか、わからないですよね。

そこで**「相手の気分を高める〝褒めテク5選〟」**をお伝えします。

【褒めテク　レベル1〜2 入門編】

褒めベタさんでもすぐできるコツ

褒めるのに慣れていない褒めベタさんは、相手が身につけているものや持っているもので「素敵！」と感じたことを率直に褒めてみましょう。たとえば、

「きれいな模様のハンカチですね」

「手帳をお使いなんですね。手書きっていいですね」

相手との気持ちのいい会話は、まずはこんなひと言から。こうした褒め言葉が、次のような返事につながり、会話の糸口になるかもしれません。

「入社したときにもらったもので、気に入っているんです。実は入社当時に——」

「一時期、スマホでスケジューリングしてたけど、手書きもいいよね。なぜって——」

などと会話が展開していけば大成功。コツは**ストレートに褒めること**。

容姿やその人を褒めるのにためらいがあれば、**身につけているものや持ちものを褒めてみてください**。

さらに、見えているもののなかでも、特に**「その人が大切にしているもの」「愛着を持っているもの」「気に入っているもの」を褒める**となおいいです。筆記用具、時計、アクセサリー、財布などの持ち歩いているものはその人の個性が詰まっています。「こだわりの一点もの」「手づくりピアス」「味のある革手帳」など、まずは観察してみてください。大切にしているものを褒められると、自分のことのようにうれしくなるからです。

そして、次のステップは、**「ものを身につけているその人自身を褒める」**。

「お着物、素敵ですね」「その時計おしゃれですね」「スーツかっこいいですね」は第一段階の普通の褒め方。次の段階の褒め方が、

「お洋服もいつも素敵ですが、着物を着られるとより上品になりますね」
「スーツの色が〇〇さんの雰囲気とマッチしていて華やかですね」

これができたら、褒めベタさんから卒業です。
褒めるためにはまず、相手に興味を持ち、観察するところから。この姿勢が、相手との距離を縮める第一歩ですね。

金星メソッド その18

ものだけを褒めるのではなく身につけているその人を褒める

〜相手を観察し、どこを言えるか日頃から練習してみよう〜

【褒めテク　レベル3 初級編】褒めて裏目に出る人が心がけたい「ちょこさら」

レベル1　身につけている「物」を褒める。
レベル2　身につけている「人」を褒める。

ここまでできたら次のレベルです。次は**褒め方の加減を工夫**してみましょう。

「極端に褒めすぎた」という私の失敗談があります。

地元で有名な不動産屋の女性店長にラジオでインタビューをしたときのことです。

女性店長はすご腕だけど謙虚な人柄で、地域の人望も厚く「このエリアの物件は任せておけば大丈夫」と言われている方。どんな話が聞けるのか楽しみにしていました。

ところが、気分よく店長に話してもらおうと思うあまり、インタビューでつい、

「この地域の未来は、Yさんにかかっていますね」

と大げさな褒め方をしてしまったのです。
すると、「いやいや、とんでもないです。何をおっしゃいますか。私はそれほどのものではありません」と、謙遜モードになり、話が膨らまずに終わってしまいました。**期待大で聞くと相手は気を引き締めてしまうのです。**「どんなひと言だと話が膨らんだのか」と反省したことをよく覚えています。

褒め言葉が大げさになるほど反比例するように相手はかしこまってしまい、謙遜というブレーキがかかってしまいます。話しやすい雰囲気をつくりたいのに逆効果ですよね。相手を褒めるときは、「褒め言葉の塩梅」を加減しましょう。

コツは**「ちょこっと（ちょっと）、さらっと（さりげなく）」**にする。たとえば、

「東急裏の発展は〇〇さんの腕にかかっていますね」
「この地域の未来は、〇〇店長にかかっていますね」

と言うとブレーキがかかる。それを「ちょこさら」ふうに褒めると、

「東急裏でお店を出したいと思ったらまず〇〇さんに相談ですね」
「吉祥寺で店舗を出すのに悩んだら〇〇さん。まるで駆け込み寺みたいな存在ですね」

このくらいの塩梅だとどうでしょう？「そうそう、お店出したいと思ったらこのくらいの広さで……と考えがあると思うので、まず相談いただければ。いろいろサンプルもあるので」というように展開しやすくなります。
「話を広げたい」「深めたい」「もっと相手に饒舌《じょうぜつ》に話してもらいたい」、そんな空気をつくりたいとき、褒め言葉は「ちょこさら」を意識してみてくださいね。

金星メソッド その19

大げさな褒めは会話のブレーキになるので気をつけて

～「ちょこさら」目指して褒めてみよう～

【褒めテク レベル4 中級編】

「経験ベース」で説得力アップ

前述のように、褒めるときは「ちょこさら」になってほしいのです。そして、レベルを上げて**「自分の経験や知識を活かした比較表現」をプラス**してみてください。

たとえば、私が相手の声を褒めるときには「すごくいい声ですね」だけでなく、

「これまでたくさんの方に取材をしてきましたが、○○さんの声の伝わりやすさは断トツですよ」

「落ち着いていてとても深い声ですね、これだけ響いて深い声は今まで聞いたなかでなかなかいないですよ」

と伝えると、相手は話し手のプロからそう言われてうれしいとおっしゃってくださいます。それは**アナウンサーとして数多くの人の声にふれてきたからこそ言える経験値ベースの表現だからです。**「自分の経験値から言える褒め」をすると、相手から「プ

ロが言うならそうだろう」「説得力がある」と思われます。

私のまわりの「褒め上手さん」はこんなふうにも表現しています。色の専門家でカラースタイリストのMさんは、色の着こなしをよく褒めてくれます。


「あらー！　可愛い黄色のワンピースよく似合うね。雰囲気に合って明るくていいね」


と、「可愛いワンピース、似合っている」だけではなくて、「色と自分が合っている」、そしてその色を選択したことも褒めてくれているのです。色の専門家から言われると自信になってうれしさ倍増。

変化球で私が褒められてうれしかったエピソードがこちら。娘の病児保育所に登録に行った日のことです。


「先ほど電話しました田中です」

「ああ田中さん。あの、さっきの電話から思っていたんですが……何かされてますか」

「仕事ですか？　話す仕事をしています。アナウンサーです」

「そうですか、通りで……いい声ですね。なんか私、今日はあなたの声を聞けていい日だわ」

と、特に仕事でもなんでもない普段の会話のなかでパッとこんなことを言われて、うれしいやら恥ずかしいやら。完全オフのときにこんなふうに褒められたのは初めてでした。心に残る言葉でした。

また、「今日イチ」「過去イチ」など、ランクを入れてみるのもおすすめです。褒め上手だなと思うのがタレントのマツコ・デラックスさん。テレビ番組「マツコの知らない世界」を観ていたときのこと。真珠の特集で

「これまでに見た真珠のなかでトップクラスの輝き！」

とおっしゃっていました。ただ「輝きが美しい！」というより、ずっと説得力ありますよね。その他にも自動販売機の世界の放送で、自動販売機で販売されている食べ

ものをスタジオで試食したとき、

「これまで食べものの特集をたくさんやってきたでしょ。そのなかでもかなり上位に入る美味しさ」

とおっしゃっていたのです。経験を彷彿とさせるマツコさんだからこその説得力ある言葉です。その人だからこそ言える褒め言葉、他にもこんな言い方もあります。ある日本酒が大好きで詳しい方から

「あなたの声は純米大吟醸！」

と言われたことがあります。こんな表現はクスッときませんか？　これはその方ならではの褒め言葉。「澄んでいて品がある」という言葉をその方らしい表現で褒めてくれました。

その他、褒め言葉を応用して**「感謝の言葉」にも使えます。**

私の会社「株式会社ちゃんこえ」の創業パーティをした際、来てくれた方への感謝として「間違いなく今年で一番幸せな日です」とお礼しました。続けて、

「こんなにおめでとうのシャワーを浴びたのは、40数年生きてきて人生で3度目です。1つめは結婚式。2つめは出産。そして3つめは本日です」

こういうふうに表現すると気持ちがより伝わりませんか？
ぜひ自分のなかでの経験をもとにして、感謝や褒め言葉を言ってみてください。

金星メソッド
その20

自分の経験値だからこそ言える言葉をプラスしてより印象的に褒めてみよう

～ひと工夫でさらに褒め上手に～

【褒めテク　レベル5 上級編】

相手が喜ぶ表現に置き換える「たとえ褒め」

これまでの「褒める言葉」はいかがだったでしょうか？

次は、相手の領域に入り、さらに「言葉のひと工夫」をした褒め方をしてみましょう。私は「その人の好きなものにたとえる」という言葉を選ぶように工夫しています。

例えば、歴史好きの方やワイン好きな方には、

「ピンチをチャンスに変えた手腕、まるで桶狭間の戦いを勝ち抜いた信長ですね」

「満を持して独立され、多方面でご活躍じゃないですか。みなさん、〇〇さんの独立をボジョレー・ヌーヴォー解禁のように待ちわびていたと思いますよ」

他には、私が言われて印象に残っているのは、起業したときに、

「会社設立おめでとう。これからはアナウンス界の横綱目指してがんばってね」

と、知人からのお祝いの言葉をもらいました。私の「超」のつく相撲好きから、こうしたたとえをしてくれる気づかいに、何だかうれしくなります。

相手の魅力や好きなこと、関心ごとを見つけて、この人なら「こんなふうに表現したら」きっとうれしいだろうという視点で言葉を探す。それは「相手の気持ちに寄り添った言葉を選ぶ」意識を持つことでもあるのです。

私は、言葉は「ギフト」「贈り物」だと思っています。言葉を贈った相手にとって「いい言葉を聞いた」「いいギフトをもらった」と思ってもらえたらいいですよね。

金星メソッド その21

相手が好きな領域に入って褒めてみよう。相手への思いやりがきっと伝わるはず

〜相手が好きなもので褒める、それは相手を想う姿勢から〜

【褒めテク　レベル5 番外編】

人となりがあらわれる「ある部分」を褒める

褒めテク、ぜひ実践してみてくださいね、番外編もちょっとお話させてください。自身ではあまり意識していないがゆえに、褒められると何だかうれしくなる――。見た目はもちろんですが、「声」を不意に褒められるとうれしくなりませんか。

私は、声はその人の印象や個性に大きな影響を与えるとても重要な要素のひとつだと思うのです。まさに「声は人なり」。

声にはその人の生き方や価値観、経験がそのまま出ます。見た目は服を着たり、化粧をしたりと着飾れますが、声はできません。その人そのものが出るのが声。

人の声を聞くのが好きな私は、声を聞くだけで相手がどんな仕事についているか当てることができます。たとえば、普段から聞くことが仕事のカウンセラーの方は、聞き上手なゆったりした優しい声。学校の先生は説得力のあるしっかりした声。普段から子どもと接する保育士さんは明るくて可愛らしい声だったりします。声から性格もわかります。味のある声。その年齢には見えない、若くてイキイキした声などさまざま。

でも、これって私だけがわかることではないと思うのです。**声にはその人を知る情報がたくさん含まれている**からです。

あるワークショップで、「相手の声だけを聞いてどんな人か想像してみましょう」というのがありました。お互い初めましてで自己紹介もありません。情報は声だけなのに驚くことにほぼ正解だったのです。すごいですよね、声から伝わるものって。

ちなみに私は「丁寧に仕事をしてくれそう」「落ち着いたトーンで紀行番組のナレーションが合いそう」「優しい印象」と言っていただきました。情報は声だけなのに、ここまで私という人物を表現してくれている。すごいですよね。

やはり、声にはその人となりがあらわれると実感しています。

ところがある調査では**「自分の声に自信がない」と答えた人は約5割、「自分の声**

に悩みがある」と答えた人が7割近くにのぼります（マイナビウーマン2024.11.13）。

私の話し方レッスンを受けている生徒さんから、「自分の声好きです」という方に出会ったことがありません。自分の声に「自信を持っていない」人は想像以上に多い。だからこそ、人は声を褒められるとうれしくなるし、自分に自信を持つこともできるのではないかと思います。「声褒め」＝「自己肯定感のアップ」につながります。

声を褒めるときのコツは、感じたままをストレートに表現して伝えてみてください。たとえば、

「明るくて、元気をもらえる声ですね」
「落ち着いた渋い声をされていますね」
「○○さんの声を聞くと心が癒されます」

などというように。または、

「○○さんの声って、俳優の●●に似てますね」

など「声のいい誰か」にたとえるのもいいですね。私自身、ある人から「田中さんの声の雰囲気って、津野まさいさんっぽいね」と言われたことがあり、うれしかった経験があります。津野まさいさんはテレビ東京系「出没！アド街ック天国」など多くの番組でナレーターを担当されている大先輩。上品で落ち着きのある声が大好きだった私にとって、「憧れの人の声に似ている」は最高の褒め言葉になりました。

「人となりがあらわれる声」を褒めることで相手が自分の声に自信を持てれば、その方はきっと「もっと話したい」という気持ちになることでしょう。相手の声に魅力を感じたら、素直にその想いを言葉にして届けてみてください。

金星メソッド
その22

声はその人そのもの。人が如実に出る〝声〟を褒めてみよう

思わず話が弾む魔法の「ひと言」リアクション

話すといつも気分が盛り上がる、そんな持ち上げ上手なM先輩がいます。Mさんの相づちは、いつも話の頭に「おっ！」がついていること。

お酒の席でビールから日本酒に変えようとするだけで「おっ！　いいね」。全てを肯定してくれるこのリアクションに心が弾んでしまいます。他には、

「Mさん、髪切りました」

「おっ！　似合うね」

「Mさん、ちょっといいですか？」

「おっ！　きた！」

まだ中身を話していないのに、このリアクション！　たったひと言、いや一音なのに、あるのとないのとでは全然印象が違うんです。話の勢いもリズムもついてくるではありませんか。そして、この「おっ！」とつけると、必ず肯定の言葉が続きます。「おっ！　いいね」とはなるのに「おっ！　変だね」「おっ！　違うね」とはならないんです。なぜか否定の言葉と合わない。**相手からもネガティブワードを引き出さない、超前向きな相づち。**気持ちが弾む「おっ！」の効果、ぜひ使ってみてください。

私のまわりにもう一人「おっ！」の達人がいます。言葉で人を盛り上げる地元青森の大先輩、タレントの十日《とおか》市《いち》秀悦《しゅうえつ》さん。もちろん、穏やかで楽しい人柄によるところも大きいです。ですが、なぜ、十日市さんとの会話がこんなに気分が上がり話が弾むのか、その理由はいつも「おっ！」ってリアクションしてくれるから。

「実は、会社を立ち上げたんです」

「おっ！　いいね」

「それに念願だった大きな仕事も決まったんですよ」

「おっ！　いい流れが来てるってことだよ」

会話に軽快なリズムができてついウキウキ話を続けたくなるのです。会話を弾ませる魔法のひと言相づち。話をポジティブな気持ちにさせてくれるので、使わない手はないですよ。

金星メソッド その23

「おっ！」をつけて会話を弾ませ、相手の気持ちを上げていこう

言葉を出さないのに次々と話が進む「顔トーク」

ＮＨＫではディレクターとして番組をつくる側にも携わっていました。

テレビは視聴者が聞きたい情報は取材対象の声であり言葉なので、質問するディレクターの声や相づちは極力無くしたいもの。新人のころはそれを知らず、インタビューで「はい」「へぇ」と声に出してリアクションをとっていました。

素材を見た編集マンから、「田中の声が入っていると音の編集がしにくい」と注意されました。会話で相手と私の声が重なって話してしまうと、それぞれの声を分ける編集が難しいからです。これはインタビューに限らず、たとえば、声をかぶらないようにしたいオンライン動画の会議でも同様です。

まして、テレビ取材では相手は緊張する場面ですが、相手にリラックスして話してもらいたい。話を盛り上げ、深いコメントを引き出したい。しかし、声を出さずに聞いて引き出すにはどうしたらいいのか――。

そこで教えてもらったのが、**心のなかに湧き上がってくる感情を顔（表情）で表現する「顔相づち」**でした。

「なるほど」なら、かみしめるように深くうなずく。
「へぇ～」なら、意外だなという表情をつくる。
「ほんとに！」なら、目を大きく見開いて驚きを表現する。

このように「心の声を口に出さずに顔に出す。しっかり大げさに表現する」というリアクションを取ることにしたのです。ポイントは「大きく」です。

普段よりも3割増しくらい、「そうそう!!」「ええ!!」と、心の声にビックリマークを2つつけ加えるイメージで表情をつくるくらいがちょうどいいです。「顔相づち」だけで相手の話はテンポよく進んでいきます。顔相づち、そして目だけでも相手の話を聞いていますよ、というリアクションを取ります。

ラジオの仕事でも役立っています。今もマイクの前の私は、百面相のように「へぇ」「ほー」「ええ!!」と顔相づちを炸裂させています。ゲストの方からは、「田中さんがニコニコ大きくうなずいてくれるから安心、話しやすかった」と言ってくださいます。

想いが伝わるのなら、別に「言葉」でなくてもいいのです。

相手の言葉を、目で、顔で受け止めてください。言葉ではうまいことを言えなくても、「顔」でリアクションできれば、それだけで会話は変わっていきます。

流暢に話すことだけが会話上手、聞き上手ではありません。

あなたの目、顔がたくさん語ってくれますよ。

金星メソッド その24

ちょっと大げさな目(アイ)トーク、顔トークで相手の気分を盛り上げよう。声に出さなくても会話は盛り上げられる

相手に与える「安心感」は どこで生まれるか

ラジオでゲストをお迎えすると「ラジオ出演が初めてです」という方がほとんど。初めてラジオブースに入って、マイクに向かって、しかも生放送で——。緊張するのは当たり前。そんなゲストにとって異空間な環境でスムーズに番組を進めるには、やはり「どれだけゲストに安心してもらえるか」がものすごく大事です。

うれしいことに多くのゲストの方から「田中さんが相手だと安心して話せる」と言っていただきます。

「何を話しても全て受け止めてくれる包容力を感じる」

「こちらが緊張して話しているうちにこんがらがっても、全部『大丈夫、任せなさい』と受け止めてくれる」。

とおっしゃられたんですね。

実は「動揺しない」ことを大事にして、心がけていたんです。 たとえば、質問とまったく関係のない答えがゲストから返ってきたり、それまでの話と真逆の矛盾する話が出てきたり、ゲストの話が迷路に迷い込んで収拾がつかなくなったりしても「動揺しない」「慌てない」「困らない」。

もし万が一 **「え、何、何、なんで急にその話？」「ん？ 全然意味がわからない」** と感じても、決して顔に出さない。それはプロとしての矜持《きょうじ》でもあるのです。

ゲストに**安心して話してもらうにはこちらが安定すること**です。

ラジオにある老舗印刷会社のK社長が出演してくれたことがありました。電話でのインタビューだったのですが、緊急事態発生！ 電話インタビューなのに、社長、電話の充電が無いとのこと。社長が **「今外にいて、充電はもう10パーセント切っているんだけど、本番に間に合うかな？ もしかしたら、切れるかもしれないけどどうしよう」** とおっしゃって、「えええ!?」と思うじゃないですか。

でも、**「了解しました。大丈夫ですよ」** と、あまり動じないようにしました。

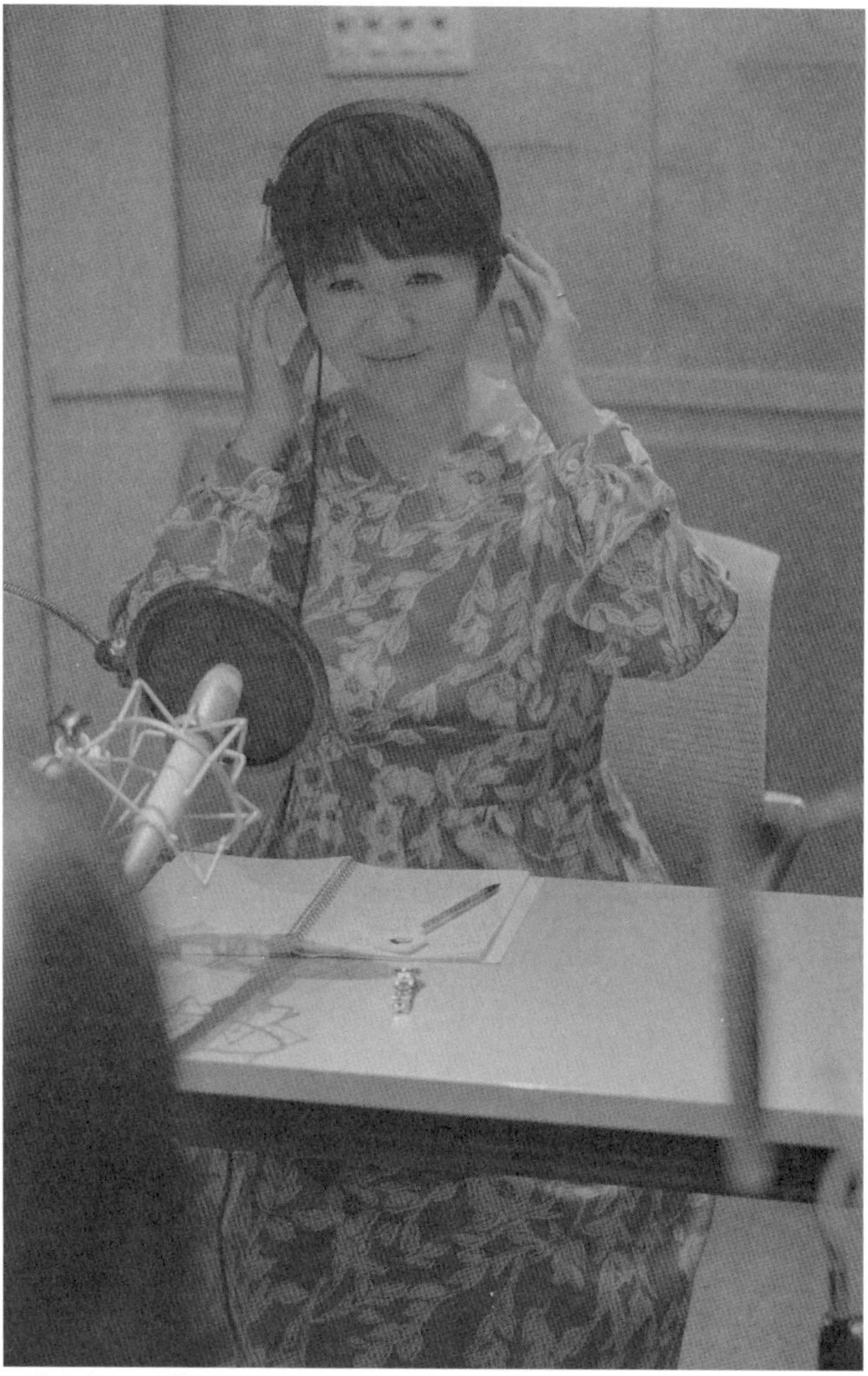

ラジオブースはゲストと心を通わせられる大事な空間。ゆったり落ち着いて話せるように、家に帰ってきたかのような雰囲気づくりを心がけています。

Ｋ社長は近くの携帯ショップに駆け込み充電、10分くらいは電話インタビューできそうとなったのです。インタビューは事なきを得て、楽しく会話をして終わりました。

「何があっても大丈夫。何でも話して。ばっちこい」というこちらの姿勢が伝われば、それだけでも相手の不安や緊張は和らぎ、安心感が生まれてくるものです。

何があっても横綱相撲。相手がなんでもどうとでもどっしり構える。

「動じない」というのは受け手の動きも安定させます。髪の毛をいじったり、貧乏ゆすりしたり、紙をぺらぺらめくったりすると話し手は気になって集中できなくなるのでご注意を！　安心感を生むには聞くこちらが安定することです。

金星メソッド
その25

聞き上手は横綱相撲。何があっても大丈夫のどっしり構え

〜安心して話してもらうにはこちらが安定すること〜

底辺情報を言って安心してもらう

アナウンサースクールの講師をしていると「アナウンサーにどうしてもなりたいんです、今からでもアナウンサーになれますか？」と社会人の方から相談を受けます。未経験だと大卒が圧倒的に多いアナウンサー採用なので、社会人からでもなれるのか、不安になりますよね。そんなときは、自分が相手の話を受け止める最後の砦でありたいと思っています。生徒を安心させたいときは

「私は31歳の未経験でアナウンサーになっていますよ！　だから大丈夫」

と声をかけています。そうすると生徒さんはほっとした表情を見せてくれます。事実、私よりも年齢が上の未経験でアナウンサーになった人を見たことがありません。

だから私よりもみんな大丈夫、条件いいのですから。**相手に相談を受けたら、自分が持っている「底辺情報」をそっとさし出してみてください。**相手は「私もまだまだいける！」と気持ちが楽になると思います。

私が起業したてのころ「安定した仕事が入らない！」と焦っていたら業績好調の社長から「俺も会社起業したてのころは、1、2年は全然お金にならなかったよ。だからここからだよ」と、さらっと言われ「設立一年目でどうこうじゃないんだな。焦らなくて大丈夫！」と思いました。職場でも同じように、**上の立場の人ほど底辺情報をそっとさし出してみてください。**部下は一気に安心感を持ってくれるようになるかもしれません。

金星メソッド その26

相手が不安を感じていたら
自分の出せる底辺情報をそっとさし出して
相手を安心させせよう

一気に距離が縮む自己開示の法則

目の前にいる相手の素顔を引き出したい、関係性を深めたい、リラックスしてもらいたいとき、どんなことを意識していますか？

話し始めに「自己開示をする」こと、これはとてもおすすめです。

相手の話を聞くのになぜ自分の話？　と思うかもしれませんが、これが相手が話しやすくなる空気づくりに役立つのです。と言っても自分の話をしすぎてはいけません。あくまでも相手がリラックスして話しやすくするための下地づくり。

私が一緒にお仕事をさせてもらった著名人のなかで料理愛好家の平野レミさんは自己開示の達人！　と感じることがありました。誰もが知る料理界のレジェンド、平野レミさんのトークショーの相手を大きなホールで行ったことがありました。しかも初対面で打ち合わせなし、台本なしの90分一本勝負という緊張する仕事。大物相手に大丈夫かなと硬直していました。ただでさえ緊張するのにこの状況に緊張は極限に！

そんなときに平野レミさんとマネージャーさんが本番前に入って来られました。こういう場に慣れているお姿に感心する一方で「本当に打ち合わせないんだ。どうしよう」と思っていました。そうしたらレミさんが本番前に

「何聞いても大丈夫だからね、私何聞かれてもへっちゃらだから！　何でも聞いてよ」

と近づいて話しかけてくれました。そのひと言はとても大きく、始まる前のひと言でホッとしたのを覚えています。

著名人のインタビューは、これ聞いたらダメ、あの話題に触れたらNG、決められた質問のなかでやってほしいと細かいルールがあるのが通常です。ですが、レミさんのドーンと来い！　というオープンな度量が開示されてとても頼もしく、一気に不安

が解消されました。

相手の心を開きたかったら、まず自分の心を開示する。

そしてそれは自慢話ではなく、「へぇ〜意外！　そんな一面もあるんですね」とか、「わかる。私も一緒」と思ってもらえるような意外性があるものやクスっと笑顔になるもの、共感できるものがいいです。

私は**初対面の方と話をするとき、自分のなかでちょっと恥ずかしいと思うことや隠したくなることを意識して先に伝える**ようにしています。たとえば、

「毎日夕食つくるのって面倒なんです、よく娘とバーミヤンに行っていて、娘の好物はママの手づくり料理ではなくてバーミヤンラーメンなんですよ」

イケてる一面だけを見せようとしていても、どうしても自分の至らない点は見えてしまうもの。あえてそれを隠さず、むしろ意図的に見せて話す。自分の完璧ではない部分を見せてからスタートするのは効果的です。

そして自己開示といえば、**緊張しているとき、黙っているのではなく「心の内を実況中継する」**というのも効果的。緊張する相手と話すとき、ガチガチにこわばった顔で何も言わずにスタートしたら「この人、大丈夫？」と心配されます。ですが、そういうときこそ**自分の心の内をそのまま言葉にしてみましょう。**

「お会いできたことはうれしいのですが、とても緊張しています。顔がこわばっているのはそのせいです」

といったように。頭が真っ白になって、言おうと思ったことが言えずにシーンとなってしまうより、「今、言おうと思ったことがあったんだけど思い出せなくて……」と今、心に思っていることを素直に言葉に出してください。相手は、さらけだして開示したことに好感を持ってくれるはず。

私はお会いした人に対し「隠すものは何もありません」というオープンな気持ちで

接するようにしています。1章でお話ししたように「全て全開でいく」なんです。

ちなみに人と話すときに腕組みをしたり、手をグーの形をつくっていると、あなたに心を開きませんという意思表示に見えるので要注意！　反対に手のひらを開いて相手に見せるようにしたり、相手との間にものを置かないようにしたりすると、心を開いていますという意思表示になります。

全ては相手と自分との間にふんわりした空気をつくりたい、安心して話してもらえるように、という空気づくり。

そして「聞きづらいことを先に伝えてくれる人」は、私はとても好感度が高いと感じています。ある知り合いの男性が、話し始める前に電話をしていて、何かあったのかと思ったら

「僕はシングルファーザーなんです。子どもから具合悪いっていう電話がかかってきていたんです。失礼しました」

とおっしゃいました。ただ

「子どもから電話がかかってきて、お待たせしてすみません」

より、グッとその人の状況や環境がわかり、親近感を感じたのです。先に自己開示してくれた効果です。

本題に入る前に「自分から自己開示する」。相手とのスムーズな会話づくりのためにぜひやってみてください。

金星メソッド
その27

相手がリラックスできるように意外なことやクスッとなることを率先して「自己開示」してみよう

何をしゃべっても笑う安心感をつくる

「こんな話をしたら面白いんじゃないかなと思って言ってみた話が、思いの他ウケなかった……」ってちょっと寂しいですよね。相手に安心して話をしてもらうために聞き手のときは笑う基準を低く設定しています。そして**声を出してケタケタ「よく笑う」。シンプルにこれだけで雰囲気がよくなります。**

あるお客様にサービス精神旺盛のダジャレおじさんがいて、真面目な話をしているなかに、急にさむいオヤジギャグを入れてくる。ふとんがふっとんだ的なギャグ。唐突に入れてくるので「またいつものきたか」と慣れているまわりは誰一人笑わない。それでも私はケタケタ笑っちゃいます。

すると相手は「この人は絶対に笑ってくれる」とわかり、安心できるようになります。

それだけでなく、彼と私がゲラゲラ笑っているとみんな何だかおかしくなってくる。場の空気が和やかになるんです。たとえその話がそこまで面白いものでなくても、笑っていれば自然と楽しくなり、まわりの人も巻き込まれます。

大事なのは、**相手のジョークが面白いかどうかを評価することではなく、そのジョークにちゃんと反応すること。**

相手のエピソードやジョークに「笑う」という行為でリアクションをとる。簡単なことですが、これだけでも会話の弾み方はかなり違ってきます。

アメリカの哲学者で心理学者のウィリアム・ジェームズの名言に**「楽しいから笑うのではない、笑うから楽しいのだ」**という言葉があります。笑うとその声で、笑いの空気が伝わり、その場の雰囲気が明るくなります。

笑いにつられて笑ってしまう。笑顔で話して安心を与える。

「絶対にリアクションするから安心してください！」と聞き手がこの姿勢をみせることで、相手は安心して話を進めることができるのです。

金星メソッド
その28

笑うから雰囲気がよくなる。それほどの話でなくても声を出して笑顔でリアクション

コラム

悪条件のときこそ、力の発揮のしどころ！

ラジオやトークショー、対談など「聞く」ことを仕事にしていると、「今日はうまく聞けなかったときとか、調子悪いときってないんですか？」と聞かれることがあります。

たしかに、喉がガラガラで体調が芳しくなかったり、いつもと違う環境だったりとピンチのときがあります。

ですが、テレビディレクターをしている友人のMさんから、独立したてのころに言われて胸に留めている言葉があります。

「条件がそろっていたら、それは誰だって上手くできて当たり前。でも条件がよくなくても、そろっていなくてもできる、ってことがプロ」

「『私、ワイヤレスマイクじゃないとできません』とか、『台本ができていないから無理です』だとプロと言えない。条件がそろっていなくてもちゃんとレベルの高い仕事をする。それがプロ。そういう人だと仕事を頼みやすいと思うよ」

と。それからというもの、仕事に言い訳をしなくなりました。「今日のインタ

コラム

ビューはゲストと馬が合ったから上手に聞けた。でも、先週のインタビューはゲストと十分打ち合わせができなかったから深いところまで話が聞けなかった」ではプロと言えないということです。たとえ打ち合わせが十分にできなくても、馬が合わなかったとしても、聞き手のプロとして相手のよさをしっかり引き出す。そう心に決めてから仕事に対する向き合い方が変わりました。

あなたがビジネスシーンで「商談」や「ミーティング」をするとき、朝だったから頭が働かなかった、お客様が時間を気にしていて思うようにクロージングができなかったなどと条件が十分にそろっていないことをできなかったことの理由にしないでみてください。

むしろ、**条件がそろっていないときこそ自分の力を発揮するとき。**「よっしゃ！こんなときこそ腕の見せどころ！」とやる気を見せて、あなたの実力を発揮してくださいね。

コラム

ポジティブな言葉を発して自分の行動スイッチを押す

やらなきゃいけないけどなかなか気持ちが上がらない、準備を始めなきゃいけないどやる気が上がらない、と腰が重くなることよくありませんか。ダラダラと時間がすぎて結局やれなかったみたいなことです。

そのときにうまく利用したいのが「言葉の力」。

「あ〜やだなぁ」「あ〜行きたくないなぁ」「はぁ〜やりたくないなぁ」気持ちを言葉にするとこんな感じですが……、**この始めの感嘆詞を「さぁ」とか「さ！」にしてみてください。**

「さぁやだなぁ」とか、「さぁ行きたくないなぁ」という言い方にはならないのです。「さぁ」に続く言葉は否定の言葉、ネガティブな言葉が合いません。

「さぁ」を使って、言葉からやる気を出してみるのです。実際に心ではやる気が起こっていなくてもいいのです。かたちだけでもポジティブな言葉を発していると、次第に気持ちが追いついてくるのです。

ちなみに私の5歳の娘は、お出かけのときに私が「さぁ行こう」と言うと

「さぁ、行こう♪　さぁ行こう♪　最高。最高～！」

と歌いながらリズムに乗ってこう言葉を変換させています。「さぁ、行こうが最高になるなんて！」楽しそうな雰囲気がこちらにも伝わってきて気持ちが上がります。前向きな言葉を先に発して気持ちを追いつかせる。不思議と気分が上がってくるものです。

乗り気でないときは「あー」「じゃあ」も同じです。「あーやるか」「じゃあ始めるか」ではなく、「さ！　打ち合わせするか」「さぁ始めるか」と言ってみてくださいね。

私はそんな「言葉の力」を信じています。NHKの先輩アナウンサーが教えてくれた私が大好きな言葉があります。

「食べたものが体をつくる
聞いた言葉が心をつくる

コラム

「発した言葉が未来をつくる」

28歳のときに、私が営業マンからアナウンサーになることを決めたときも、まさにこの言葉の力を信じて叶いました。

「決めた！　アナウンサーになる！」と発して、なるかどうかなんてなんの保証もないけど発し続けていた。そしたらその言葉通りになりました。

言葉の力は強い。言葉が導いて自分の味方をしてくれます。思うだけではなく「声で発する」、これ大事です。

ぜひ、自分自身にポジティブな言葉を発して、自分を思い通りの自分に動かしていきましょう。

4章

口下手さんでも思い通りに話が進む聞き方

「会話の先にある楽しいこと」を想像する

初対面での会話や商談、打合せなど、ときには構えてしまう人や苦手と感じる人との会話は、私たちビジネスパーソンによくおとずれます。緊張するし、できることなら避けたい、と思うことも。そんなときは**「その先の楽しいこと」をちょっと想像してほしい**のです。

なぜ私がそう思うのかというと、きっかけは社会人一年目にありました――。

大学卒業後に「フロム・エージャパン」というリクルートの求人広告代理店に入社し、飛び込み営業からスタートしました。担当エリアを「全部回って挨拶してこい！」と言われ、まずは池袋の超高層ビル、サンシャインシティを飛び込みで挨拶回り。パンプスのヒールがすり減って、何百回と靴修理に通ったことか……。

そんな私は3姉妹の末っ子で私立女子高、私立女子大卒、ぬくぬくと温室育ち。そんな人間が社会人になって、それまでの環境から一変しました。社会人一年目で「全部回って挨拶してこい！」はこれまでと真逆の厳しすぎる環境です。

営業すれば断られる。じゃま者扱いされ、罵倒されることもしばしば。扉を出た瞬間、悲しくて廊下でうずくまって泣いたこともあります。そのようにして社会人一年目は「質より量」「頭より足を動かせ」の精神で、汗だくになりながら必死で飛び込んでいたのです。

人生初の受注は池袋（サンシャインシティ）のたこ焼き屋さんでした。フロム・エーの一番小さい枠5万円。本当にうれしかった。営業力があったわけではありません。必死で飛び込みしたお店の一つがたまたま「バイトを募集したい」ニーズがあったのです。でも、飛び込まないと受注はできませんでした。

また、**飛び込みを続けているとそれでしか味わえない面白い出会いもたくさん。**

ちょうど引っ越す日で「片付けたいから欲しいもの何でも持っていって」と、輸入商社の社長から輸入雑貨を山盛りもらったこともありました。こんな出会いは飛び込みならでは。そんなふうに思えるようになってから、いつしか飛び込みハイになっていったのです。**大変さよりも楽しさのほうが勝って「今日はどんな人に出会えるんだろう」といつしか初対面で話すのが楽しいと思えるようになってきました。**

扉を開けなければ得られない何かが待っている。

その扉を開けるかどうかは自分次第。一歩踏み出すだけで人生を変える出会いがあるかもしれない。そう想像すると何だかワクワクしてくるんです。扉を開けないともったいない。開けて何もなくてもそれでいいのです。

マイナスはありません。プラスしかないのです。失うものはなく、得られるものだけなのです。

NHKで「ニュース シブ5時」の大相撲特集を任されたときもそう。「男社会に女性取材者がひとり」という完全アウェイな環境です。閉鎖的で暗黙のルールが多くある現場に、最初は取材の声をかけることすらはばかられる状態でした。力士や親方はその場にいるだけでも圧倒的な存在感。朝稽古のピーンと張り詰めた厳粛な空気は、その場にいるだけで心臓がビリビリします。

しかし、一方でこんな気持ちもありました。

「あの横綱が、あの親方が、一対一で直接答えてくれるなんて!!」

少しでも話を聞けたらそれだけで「感謝!」と思ったんです。大相撲ファンの私からしたらなんて恵まれた機会でしょう。**「現場のこわさはあるけど、その先にどんな世界が広がっているのかを知りたい」**「横綱と直接話すと何を感じられるのか、発見できるのか」、その先にあるワクワクのほうが圧倒的に大きいのです。

新しい扉を開くことで最高の出会いが待っている。緊張よりもワクワク感のほうが勝って、胸のドキドキも足の震えもおさまってくる。そして、取材することが楽しく、質問できることがうれしくなっていきました。

出会いはそれだけでもラッキーですが、**「その人とどうなれたら楽しいか」まで想像してみてください。**「この人とあんな話で盛り上がれたらいいな」「新しいこと聞けたら面白いな」「相手にとっても楽しい時間になったらいいな」と。

話してみたら「実はいい人だった」「意外にも波長が合った」「仲よくなれた」といったうれしい大逆転や新しい発見があるかもしれません。その機会を手放すのってもったいない。

「相手との時間」の先にある楽しいことを想像するワクワク感――。

それでも最初の一歩、実際に話をするのに不安や緊張ありますよね。

どうしたらいいか、そのおすすめの方法を次の項目で紹介します。

金星メソッド その29

出会いの先にあるものを想像して、ワクワクしながら初対面を楽しもう

「自分に仮面」をかけて誰とでも話せる

飛び込みをはじめたころの1週間、断られ続けているとだんだん精神的にも病んできます。邪険にされて泣きながら会社に帰った日の夜、同じチームの先輩が、

「ねぇねぇ、トモ。別に傷つく必要って全くないんだよ。別に否定されてないし、嫌われてないんだから。素のトモを誰も嫌だって言ってない。リクルートの営業だから、いらないって言われているだけなの。別に田中知子という人間を否定されていることでは全くないんだから。だから素の田中知子じゃなくて『リクルートの営業という仮面』をかぶっていきなさい。仮面をかぶったらトモは強いよ。優しいトモのことを誰も何にも嫌いになってないよ」

と、言ってくれて肩の荷がスーと軽くなったんです。たとえ、怒られても「自分じゃなくてこの仮面が怒られている」と営業の仮面という設定でいけば、別に素の自分を嫌だって言われてるわけじゃない。

「もう大丈夫！　私は強い！　だって鉄の仮面をかぶっているんだもん。だから何を言われても大丈夫！」と、生まれ変わった自分がいたんです。

この設定変更を使って大相撲の現場でも楽に取材できました。次に続きます。

25歳ごろの営業時代。求人誌の見本と資料が入った荷物が超重かった……。でも、すぐすり減るけど足元はヒールと決めていました。

金星メソッド　その30

どんなときでも仮面をかぶれば強くなれる

～自分のマインドを楽にする設定をつくる～

歓迎されていない現場で自分らしさを出すには

自分が初めて訪れる場所、どの場所も歓迎されたらうれしいのですが、「あれ？アウェイな場所？」と感じたことありませんか？　慣れない場所で萎縮するというように……。初めての大相撲の取材現場はまさにそんなところでした。

「おまえは顔だ」「顔じゃない」——。大相撲の世界にはこんな隠語があります。

ここでいう「顔」とは「実力」とか「貫禄」のこと。なので「顔じゃない」とは、「まだ実力がともなっていない」、もっと言えば、「10年早い」「現場でまだだ知られた存在ではない」という意味。取材する側も「顔がどうか」がものを言う世界。何度も足を運んで人脈という実力をつけ、現場で「顔」と認められてはじめて、力士や関係者から「相手にしてもらえる」「取材を受けてもらえる」わけです。

「やりづらい……」。飛び込み営業で鍛えたメンタルがあってもこの相撲現場はなかなかの緊迫感でした。「お前、誰？　知らないな」のような目線。

当時、大関だった照ノ富士関に直接取材をする機会がありました。「1年間で一番活躍した力士を表彰する」という「シブ5時相撲部」独自の取材。緊張はピークに達し、照ノ富士の存在感、周りの空気にのまれ「ど、どうぞ」と表彰のプレゼントを渡すので精一杯でした。

そのときに役立ったのが、あの「設定変更」。

今度は横綱白鵬関を取材できる機会がありました。誰もが知る大横綱です。朝稽古が終わり、泥着を着て、稽古場から車に乗る短い時間で「横綱、少しお時間いいですか？」とキャッチ。このとき私は「わ、本物だ！　まとっている空気感が違う！」ドキドキな状況ですが、ここで「自分にとってピッタリの設定は何か」考えました。

「そうだ、ファン目線でいこう。何も肩肘張って鋭い質問をしたいわけじゃない。ベテラン記者と同じく肩を並べるのはやめよう。私はファン代表なんだ」

そう思ったら気分が楽になりました。ファン目線だからこそ生まれる空気感で、好き好きオーラ全開で質問できたんです。「失敗したっていいじゃない！　横綱白鵬と話せるんだから、なんてラッキーなの！」と。

「横綱ちょっとお時間いいですか？」

「おう」

（いよいよきたー！）

「お時間ありがとうございます。東日本大震災で流されてしまった学校の土俵をプレゼントされましたよね？　そのときに一緒に相撲をとった男の子からメッセージをいただきました。聞いてもらってもいいですか？」

「はい。どうぞ」

「聞いてもらってありがとうございます。ご覧になってどうですか？」

「こうやって喜んでくれるとうれしいね、プレゼントしてよかった。わざわざメッセージありがとう。また一緒に相撲取れたらいいな」

わずか10分もない短い時間でしたが、しっかりやりとりできました。紳士的で優しい白鵬関と一対一で話せたこと、とても貴重な機会となりました。

金星メソッド その31

自分は演出家！
やりづらい環境では
自分のやりやすい〝設定〟を演出しよう

「仮想キャラ設定」で誰とでも話せる

自分の設定を変えたら、今度は相手の設定も変えてみましょう。

仕事をしていれば「話しにくい相手」と会話をしなければならない状況もあります。たとえば、講演で「がんこな職人が苦手。職場でどうしてもやりとりしなきゃいけないのですが、何かいい方法ありませんか？」と、質問をいただいたことがあります。

相手に対して苦手意識が先に立ってしまうと、会話はどうしてもスムーズにいきません。すると相手から話を引き出すのもなかなか難しくなりますよね。そんなときは**自分なりのポジティブな「仮想キャラ設定」を試してみてください。**

たとえば、がんこな職人は、親戚には1人はいるようながんこなおじさんとするのはどうでしょうか。そう思うと、ちょっと親近感が出てきて「しょうがないなぁ」と思いませんか？

他にも憧れや尊敬がゆえに自分を出せない、気が張ってしまうケースもあるでしょう。私にも胸が高鳴る光栄なインタビューがありました。パーソナリティを務めている「むさしのFM」の生放送番組「発信！わがまち・武蔵野人」というコーナーに、吉祥寺在住の漫画家・エッセイストの柴門《さいもん》ふみさんをお招きしたことがありました。柴門ふみさんといえば、『東京ラブストーリー』『あすなろ白書』（いずれも小学館）などの超人気作品で知られるラブストーリーの金字塔。「全部読んでる！　全部大好き！」とドハマりしていましたし、『恋する母たち』や『薔薇村へようこそ』の、柴門さんの描く女性像は自分と重ねるほど、とても共感していたのです。その柴門さんが自分の番組に出演してくださるなんてうれしいやら緊張するやらで――。

打ち合わせから柴門さんの気さくでオープンな性格にふれ、なんだかお母さんみたいと親近感を感じるようになりました。そこで、こんなふうに考えました。ちょうど私の母親とほぼ同世代の柴門さんを「オンエアの間だけ『お母さん』と思ってみよう」と。**お母さんと娘が普段の会話をしているという設定をイメージしてみたのです。**

番組で、柴門さんが吉祥寺で好きなお店をたずねても、「えっとね〜。南町のあそこよ。ほら、あそこ。何っていう名前だっけ、あのお店?」と、思い出せなかった場面があったんです。普段なら、「お店の名前って意外に忘れがちですよね」といったオーソドックスな返しをしていたと思います。でも、そのときの私は「自分の母親と話している娘」のつもり。そう思ったら「名前、全然出てこないじゃないですかー!」と、母親にツッコミを入れる娘のような自然なリアクションになったんです。


「最近ハマっていることは?」

「ラーメン屋さん巡りです」

「何軒くらい行きましたか?」

「2件です」

「えっ! 少ないっ」

というツッコミも無意識にするっと出てきました。こんなやりとりであっという間の生放送が終わり、楽しいお話をたくさん聞かせていただきました。またぜひお会いしたいです。

さらに、青森のイベントで元女子レスリング選手でオリンピック4連覇を成し遂げた伊調馨《いちょうかおり》さんとトークショーをしたときには——。

国民栄誉賞も受賞しているレジェンドをゲストに、どう話をうまく引き出すか。伊調さんは同郷青森県八戸市の出身。それならばと思い、このときは**「トークショーの間、2人は八戸時代からの親友」**という仮想設定でトークをさせていただきました。

すると、地元・八戸の話題などをきっかけにしながら、試合に負けたときや大けがをしたときの心情といった、少々聞きにくい質問も、「親友同士の打ち明け話」という感じで、思い切ってぶつけることができたんです。

伊調さんの明るく気さくな性格もあいまって、ここでしか聞けない裏話もたくさん聞かせていただきました。

この「キャラ設定」インタビューや取材だけでなく、職場の人間関係も使えると思うのです。親戚のがんこなおじさんと私、お父さんと私、部活の先輩と後輩としてみるとどうでしょう。印象変わりませんか？

もちろん、キャラ設定は自分のなかにとどめて、人に言ってはいけませんよ。

金星メソッド
その32

自分は演出家！
もっと打ち解けたいと思ったら、
相手を自分が話しやすい「誰か」に設定してみよう

～仮の設定で一気に話しやすくなること間違いなし～

上手に話そうなんて思わなくていい

プレゼンのレッスンで、受講生から多く質問されるのが、

「人見知りで、人とうまく会話ができません」
「緊張しやすいのですがどうしたらよいでしょうか」

というお悩み。まず伝えたいのは緊張することは悪いことではありません。むしろいいことですと声を大にして言いたい。程よい緊張は集中力が高まってパフォーマンスが上がります。なので「緊張しないように」「噛まないように」と「～しないように」と思うと余計そうなってしまいます。

また、「流暢に話したい」「話下手と思われたくない」「カッコいいところを見せたい」というプレッシャーは、「相手（聞き手）によく見られたい」という自分向きの気持ち。

相手よりも「自分」に意識が向いています。

青森での新人キャスター時代、私は緊張から、

「噛んだらどうしよう」

「うまく話せなかったらどうしよう」

「顔変じゃないかな」

などと、半径1メートルくらいのことしか考えられませんでした。自分のことしか考えられない、つまり、周りに対する余裕がありませんでした。先輩から

「いつも自分の顔ばかり気にしているな、自分がどう見えるかしか気にしてない」

って喝を入れられて、本当にそうだなと思ったんです。大事なのは聞いている目の

NHK 青森放送局で「あっぷるワイド」のキャスターをしていたとき。視聴者ふれあいイベントにて。視聴者の方に向けて心を届けることがわかり始めて変化していたころ。

前の人なのにその人たちに向けて発してないなと。

キャスターしながら役者に挑戦して「人に伝わること」ってどういうことなのかを芝居から学びました。自分が発した言葉で観客が笑ってくれたり、視聴者の方にも声をかけてもらえたりするようになってきて、**「この人たちのためにがんばりたい」って思えるようになった**のです。利己から利他に意識が大きく変わり、「人に向けて伝える」が大きな柱になりました。

「うまく話すこと」ばかり考えてしまうと、「言いたいことが相手に伝わったか」という、一番大事なところがスッポリと抜け落ちてしまいます。

人に伝わるのはテクニックではありません。たとえ、つっかえても、噛みまくっても、あちこち言葉づかいを間違えても、聞いている人に伝わることが一番。実際に、よどみなくスッときれいに話すより、たどたどしくても一生懸命なほうが言いたいことが伝わってくる。その人らしさ、人柄も含めて伝わる。きれいに上手に話すことよりも大事なのは「相手に伝わっているか」です。

やり方ではなく在り方。人に心を伝えるのに、やり方ばかりを気にしていると在り方を忘れてしまうのです。

「話していること、相手にどのくらい伝わっているかな」

「今の話し方、相手にとってペースはちょうどいいかな」

と思いながら相手に意識を向けて話す。**意識を向けるとは自分が発した声をベクトル（矢印）に見立てて、それをまっすぐ相手に向けるように話すということ。そうすると声のトーンや話し方って自然とどんどん変わってくる**んです、不思議と。

「噛まないかな」「うまく話せるかな」って、全部主語が「私は」になっています。矢印が自分に向かっているんですよね。**その矢印をひっくり返して相手に向けてください。**

相手と向き合って「今、私は、あなたに向けて話をしていますよ」という意識を持つだけで、あなたの声は「届く声」「伝わりやすい声」になっていきます。

本当に意識で声が変わるのか、後ほどお伝えします。

金星メソッド
その33

一番大事なのはあなたの想いが伝わること。
会話の矢印を常に相手に向けてみよう

準備したら、いったん全部手放す

テレビの生放送では構成台本が必須。尺が命の生放送では構成台本を事前にしっかりつくり、どんな流れで放送するか段取りや中身を決めています。

しかし、**「本番はいかに準備したものを手放せるか」**が肝なのです。

新人キャスター時代は「十調べたら十使いたい」「せっかく用意して調べた情報は出さないともったいない」と思っていました。そんなとき、アナウンサーの先輩から

「十調べたら一知った、くらいに思いなさい」

と言われたのです。事前に調べたことはあくまでもネットや本に載っている情報。それが全てではないのです。論語に「一を聞いて十を知る」という言葉がありますが、

その逆。十を調べて一を知ったくらいに思う、ということが大事なのです。

大事なのはとにかく〝本番〟。本番でいかに相手と心を通わせて、新しいことを引き出せるかが一番大事。あくまでも事前情報は引き出しに入っているくらいにして、わざわざ出さなくてもいい。必要なときに出せればそれでよし。そのバランスを取れるようになってから、「聞く」ということがわかるようになってきたのです。

また、これまでは前もって仕上がり通りに進むように「あれ撮った。これ撮った」とレ点チェック方式。現場で起きている面白いことに気づけないことがありました。あるとき、台本の構成が不十分なままロケに行ってしまったことがあって、予定したものを撮るよりも「あれ？　現場で発見したものでつくったほうが面白くない？」ということに気づいたんです。それをきっかけにロケでは「つくった台本をあえて手放す」ようになりました。

「ニュースシブ5時」でディレクターをしていたとき、福祉大相撲というNHK主催の大相撲力士と歌手が一緒に歌う歌番組を取材しました。

もともと考えていた台本では、「普段土俵の上では厳しい表情をしている力士のなかなか見れない一面に着目し、歌が上手な様子を取材。普段の様子とは違うリラックスしている一面をまとめよう」と思っていました。

ですが、実際、本番の現場に入ってみると……、余裕とは無縁の、かなり緊張している力士がいました。真面目で温厚、土俵上では礼儀正しい力士で知られている北勝《ほくと》富士《ふじ》関です。関取は自分の歌よりも、次に歌う歌手の曲ふりで苦戦中だったのです。

「次に歌うのは市川由紀乃さん。タイトルはえっと……。うたかた？　うたたか……、うたかたの女……。タイトル言いづらいなあ。難しいなあ」

と一人ボソボソと支度部屋で練習しているではありませんか。その必死さがなんとも可愛らしい……。思わず応援したくなり、その様子を密着することに決めました。

そうして支度部屋でも花道でも、ずっと曲ふりの練習をしている関取のドキュメンタリーが完成しました。当初の予定は余裕たっぷりに歌い、華やかに盛り上げるステージショーでしたが、いやいやこの裏側に密着したほうが面白いと感じたのです。

台本にとらわれて、「次はこれ撮影しよう」と思っていたら北勝富士関の繊細な行動にはきっと気づけなかったでしょう。用意した台本を手放してみたら、目の前の面白いことを発見する神経が研ぎ澄まされたのです。

台本をいったん手放してみると、目の前で起きていることにセンサーが働く。手放すのは怖いことですが、実は消えていません。準備したことは引き出しにしまっておいて、いつでも取り出せるようにしておけば大丈夫。

「最後はこんなふうにする」と決めておいても予定調和は崩れるもの。いえ、崩すもの。そう思って挑んでみてください。目の前のことが一番大事。相手の表情、空気、しっかりキャッチしてくださいね。

金星メソッド
その34

手放すことで見える。目の前のことに敏感に気づく自分でいよう

「今」目の前のことに全集中する

前項目の「準備したらいったん手放す」をビジネスシーンで想像し、さらに深めていきましょう。

あなたは目の前のことに集中するのは得意ですか？　目の前のお客様の話、あるいは部下の話、先輩の話にどのくらいの力を注げていますか？

「今」をどのくらい集中できるかで「次」どうなるかが分かれる、そんなお話です。

実は私は集中するのが苦手でした。スマホにメッセージが着ていないか気になったり、周りの音が気になったり……。目の前のことに集中できていないということがよくありました。

「話を聞く」とは、思っている以上に、相当なエネルギーを使うものです。

「聞く」とは、相手の心の奥にある「声にならない言葉を感じる（聴く）こと」。全身全霊で心を傾け、声や言葉だけではわからない、「まとっている雰囲気全てを感じようとすること」です。

あるテレビ番組で、お笑い芸人さんがドキッとしたことを言っていました。

「この間アナウンサーからインタビューを受けたとき、こちらが話しているのに手元にある台本見て、次は何聞こうかと考えていたんです。今話していることを聞いてないよね。心ここにあらずって感じで」

と。話を真剣に聞いているかどうかって相手によく伝わっているんです。

インタビュー取材に慣れてくると「この話は最終的にこうまとめよう」とか「次はこの話題に誘導しよう」と聞きながら、同時に先の展開も考えることがあります。でも、今しか聞けない話や素敵なエピソードを聞き流したりしたら、本末転倒。「同じ話をもう一度お願いします」では流れを止めてしまうのです。

「目の前のことに集中する」を第71代横綱・鶴竜《かくりゅう》関はこんな言葉で表しています。

「昨日のことは悔やまない　明日のことは心配しない　今を全力で」

昨日のことでも明日のことでもなく、「大事なのは今。今に心を込める」なんです。競技のなかでも相撲ほどひとつの取組時間が短いものはありません。両者が立ち合ってぶつかり合い、1秒2秒で終わってしまうこともあります。朝稽古から夕方の取組まで長い時間をかけた準備も、土俵での取組はわずか数秒の世界。

そんな力士にインタビューをすると、よく口にされるのが

「一日一番やるだけです」

という答え。連勝が続いているときでも、優勝が見えてきたときでも、「優勝は考えてない。自分は目の前の一番を精一杯やるだけ」と。先のことを考えると、一番大事な「今、この瞬間」に集中できなくなる。「優勝まであと何勝」なんて考えたら、そこから崩れてしまう。だから、先を考えず、明日の取組のことなど意識せず、目の

前の一番に全神経を集中する――。

私はこの姿勢をすごくリスペクトしています。今、目の前のことに全力で向き合えないのに、先々のことに向き合えるはずもありません。取材相手との「今、このとき、この時間」を最優先して全力で向き合う。

前述の同郷の伊調馨さんへのインタビューでも、伊調さんが大事にしている言葉の話にもなりました。それが

「今この瞬間を全力で」

地元八戸のレスリングクラブの道場に額に入れて掲げられていて、練習が始まる前に声に出してから始めていたそうです。「今、目の前のことに集中できない人は何もできない」と、練習を積み重ねてきたからこそ、目の前の時間に全集中して力を出してきたそうです。4連覇がかかった決勝のときは「アキレス腱が切れていたけれど、実は痛みは感じなかった。そのくらい集中していた。気がついたら勝っていた」と。凄まじい集中力ですよね。4大会連続でも金メダルが取れたのは結果であって、先を

見てやっているわけではない、今の積み重ねだと。

成功している人ほど、「今」に全集中している。

超一流のアスリートを見習い、全集中で耳を傾けることができるようになりました。

相手の熱を感じ、言葉以外のものも受け止めて相手を温かく包みこむ。

会話はリアルな言葉と言葉、心と心のキャッチボール。

いくら相手がいい話をしても、こちらがよそ見をしていたら受け止めることができません。話を聞くときはもちろん、自分から話をするときも、目の前にいる人とのやりとりに100パーセント集中する。忘れがちですが、大事なコミュニケーションの基本中の基本ですね。

金星メソッド
その35

〝今を全力で〟目の前のことに全集中するといい結果はついてくる

コラム

今話せているこの時間に感謝の心

私たちは人と話す機会であふれています。新しい現場、交流会に参加するとその1回で名刺入れがすぐパンパンになることも。ある意味で話をすることが当たり前で一回一回が簡単にすぎ去っていくものになりかねません。それを少し違った角度で見つめ直してみたいのです。

それは**「同じ人に同じタイミングで同じ話を聞けることは二度ない」**ということ。さまざまな人の縁が交差するなかで、たまたま訪れた「この人と会話をする時間」。その時間は「奇跡」です。そうするとあらゆることに感謝の気持ちが芽生えてきます。感謝の気持ちが今を全力で向き合う姿勢をつくる。

「今このとき、この人との出会いは一生に一度しかないかもしれない。その機会を大切にし、その機会をもたらしてくれた〝全て〟に感謝すること」

そう思うと、今この瞬間がなんだかとても大事に思えてきませんか？

私がこう思えたきっかけは、キャスターとディレクターを経験していることが大きいです。キャスターの仕事はいわばアンカー。インタビューをするとなると

コラム

全てをディレクターが準備してセッティングしてくれます。アンカーとして記者が取材して原稿にしたニュースを読んだり、スタジオにいらしたゲストをお迎えしてお話を聞くのが仕事です。そのときは目の前のことをこなすだけでいっぱいでしたが、「ニュースシブ5時」ではディレクターだったので、ネタ探しからゲスト交渉、スタジオセッティング、構成台本の作成まで全て自分がやらなければいけません。キャスター時代にディレクターがやってくれたことを今度は自分がやる側の立場です。

ロケでは外を駆け巡り、「外」の人に気をつかい、局に帰ってきては素材の整理と台本作成、編集時には編集や音効など「中」の人にも頭を下げて気を使う。そうしてやっと一つの放送準備が出来上がります。

今までキャスターだけではわからなかった裏側を経験。裏方の大変さが身に沁みました。表と裏側、どちらも経験して気持ちがわかるので「お話を聞ける機会」というのは、ネタ探しから決定、当日の運営に至るまで時間とエネルギーをかけてつくり上げてセッティングされた今この場がある、と感謝せずにはいられません。

つまり、**目の前に見えていることだけではなく「見えない時間」を想像する。**どういう苦労があって、どういう思いを馳せてここに至ったのか。それを思うとその思いをしっかり受け止めて、大切に挑まざるを得ません。

ラジオに来てくださるゲストも、ここに来るまでにきっと「なんて言おうかコメントを考えてくれているだろう」「今日の出演のために仕事のスケジュール調整してくださっているんだろう」と目に見えないことを想像すると感謝の気持ちでいっぱいになります。

そして飛び込み営業をやっていたので、「受け入れられること」ではなく「断られること」が基本でした。なので、ＮＨＫでインタビューや取材を申し込み、ＯＫをいただくと「え、断られない！　しかも喜んで受けてくれる！」と一回一回取材できること、インタビューでお話を聞かせてもらうことに感動していました。これは営業で断られ慣れしていた私からすると感謝感激なことです。97パーセントくらいで断られていた営業が、ＮＨＫの取材だと99パーセントで受けてくれる！　営業をやっていたからこそ味わう、時間をつくってくれることの貴重さです。

そしてこれは、こういうことにも使えます。

イベントの司会を頼まれると、担当者と打ち合わせをして当日までに完成台本をいただけるのですが、打ち合わせが不十分だったり台本が未完成だったりすると心配になるときがあります。こちらからすると「もっとちゃんとしてほしい。」と、ツッコミを入れたくなるときも正直あります。

ですが、そのイベント主催者は「イベント当日まで他のこともやりながらバタバタで準備していたんだろうな」「ここまで手が回らなかったんだろうな」「本当はもっとこういうふうにしたかったんだろうな」と、「見えない時間」を想像すると、何だか許せてしまいます。完璧とは言えないけど、「ここまで一人でやるの大変だったろうな」と。**できていないことを批判するのではなく、ここまでできたこと、ここまでの在る分をしっかり受け取ろうと思えるようになったのです。**「足りない分は、あとはこちらで任せてね」と。

コラム

ありがたさを感じる心がないと、「取り組む」というより「こなす」になってしまいます。全てのセッティングされた機会を奇跡のときと思う。ビジネスのシーンでも後輩と話す、部下と話す、お客様と話すこの時間を「時間をとって自分のために話してくれている」と感じながら、「ありがとう」の気持ちで挑んでみてください。**見えない時間を想像するともっと感謝が生まれますよ。**

5章

声の出し方ひとつで話をコントロールする方法

声は人なり、宝なり

「あなたのは声は絶対いい声！」と私が保証します。

もし「そんなことない」と思ったとしても私があなたの声のいいところを伝えられる自信があります。声に「悪い」はありません。

なぜなら、あなたの声は「これまでの生き様」が詰まった唯一無二の声だからです。同じ声はふたつとなく、**あなたの声は世界に一つだけの素晴らしい声なのです。**

あなたの人生や重ねてきた経験から出る声。低い声、こもっている声も全部よさ、味なのです。声は顔のように化粧ができません。素のあなたが一番出やすいもの。だからこそ声を聞けばその人がどんな性格でどんな人生を歩んできたのか、何を大切に生きているのか感じとれます。私は声から感じられる温度感、質感などその人のその経験からしか聞けない声を聞くのが好きです。それぞれの声のよさがあるから。

声には先天的なもの、後天的なものがあります。後天的なものは意識を変えるとどんどん変わります。たとえば元々高くて早口だった私の声は、誰にどんな言葉を届けるかを意識することで低くゆっくりになりました。

そして「この人に届けたい！」という気持ちを持つことで、ふんわりやわらかい声に変化してきました。環境ってすごいですよね、人の声を変えてしまうのですから。

自分の声は自分の経験、価値観が詰まった宝物。

自分にしかない宝物を磨いて愛してくださいね。声は必ず応えてくれます。声で人生が変わった私が断言します。声を味方にしてよりいい人生を送りましょう。

金星メソッド
その36

声は人なり、宝なり

～あなたの声はこれまでの生き様が詰まった唯一無二の宝物～

相手への印象を変える声の出し方

話をするとき、あなたは何を意識しているでしょうか。

「話す内容」に意識を向けますが、〝声自体〟は無意識で出していると思いませんか。

私は声を出すときにこんなことを意識しています。

それは**「丸く円をえがくように言葉を発する」**ということ。

この意識だけでやわらかい声になるんですよ。

反対に「強くまっすぐ届けよう」と思うと、声は「直線」的になります。

夫に**「早くゴミ出してー‼」**と言うときはどうしても直線の強い言葉になりがちで、

夫は気分よくないかも。でも、ゴミ出しをしてくれた夫に、

「ゴミ出してくれてありがとう」

は、優しく丸く言えます。ぼそっと「ありがと」と言うより、丸くえがくイメージをしたほうが優しく伝えられて、心が届きます。

言葉はこちらの都合で相手に届けるものではなく、**相手が受け取れてはじめて届くもの。**こちらが言いたいように言葉を投げてしまうと、相手はその強さやスピードに受けきれません。野球をイメージしてみてください。豪速球の球をバシーンと投げられると強くて痛くてヒリヒリしますよね。速すぎて避けてしまうかもしれない。でも、「ほらいくよ〜」と、フワッとボールを投げられたら、しっかりキャッチすることができます。どちらが受け取りやすいでしょうか。

こちらの「ペース」「スピード」「専門的な言葉」で、話したいように話す、では相手が言葉を受けきれません。「話す＝放す」になってしまうのです。自分だけが満足する、「言いっ放し」になってしまう。

言葉は投げるものではなく「贈りもの」です。

私は目で見えない声の形を意識して発しています。

まるで自分の心と相手の心が「虹の架け橋」でつながっているように。言葉は自分の心を出発して、虹をつたって相手の心に届けられている。そんなふうにイメージしてみてくださいね。

これを教えてくれたのはまだアナウンサーになる15年前、アナウンサーになりたいと思って初めて受講したセミナーで倉島麻帆さんから教わったことです。そのときからずっと、話すときの姿勢は虹の架け橋です。そうすると話している私の表情もきっとやわららかくなっているはず。

たった一言の「ありがとう」もぜひ虹をかけて相手に届けて見てくださいね。

金星メソッド その37

相手に発する言葉は丸く円をえがくように発してみよう。声も表情もやわらかくなっているはず

〜あなたと私は虹の架け橋でつながっている〜

届けたい人を想えば声は自然と変えられる

「聞き取りにくい声を通る声にしたい」そんなときに大事なことはたったひとつ。**「誰に向けて伝えているか」**です。聞いている相手が何歳でどんな立場でどんな状態なのか。その相手の立場を意識するだけで声はグッと届く声になります。

たとえば、伝える相手が80代の女性だったらどんな声になるでしょうか？　ゆっくり丁寧に話そうと思いますよね。では相手が5歳の子どもだったら？　難しい言葉を使わずにわかる言葉で話そうとすると思います。伝える相手がどんな人かによって同じ内容でも伝え方は自然に調整できているのです。その相手を想い、届けたいという気持ちが強いかどうかで届けられる熱量が変わってきます。営業時代に部長から、

「『伝える』と『伝わる』の違いがわかるか？　『伝えていること』は『伝わっている

こと』にならない。伝えているつもりになるな」

と言われていました。

青森で「あっぷるワイド」キャスターをしていたとき、テレビの向こうの視聴者は70代以上の方がメイン。夕方6時台の番組で青森では早い時間の夕食どき。1日が終わりに近づき、ゆったりしたい気持ちで観る時間です。

私は「ニュースを届ける私の声で疲れを癒せたら」「ホッとしてもらえたら」と思っていました。視聴者を意識するとテンポは自然とゆったり、声のトーンも低く、落ち着いてを心がけていました。70代以上の方にとって「耳心地のいい音ってどんな音だろう」と試行錯誤を繰り返すうちに今の声になってきたのです。

また、テレビを凝視して聞いている人はいません。何かをしながら、という「ながら見」をしている人も多い。そのため、「夕食の準備をしているお母さんが、台所でトントンと大根を切りながら背中で情報が聞こえる声」を意識していました。

相手を想うほど、自分のなかでその声は自然とつくられていきます。

これは、あなたも意識するだけで声は変わります。

インタビューを担当しているポッドキャスト番組で、出演者の方に声の出し方から「こもっている声を通る声にするにはどうしたらいいですか?」と相談を受けました。

「2人だけで話しているというイメージではなく、まわりに100人いてみんながこちらの声を聞いていると思って話してみてください」と伝えました。

すると、その方の声が、一本芯の通った「張りのある、通る声」になったのです。

その方は無意識にそう思って話したのでしょう。それが、目の前にいる大勢に届くよう話すという、たったこれだけのマインドチェンジで、声が見違えるようによくなったのです。意識の持ちようひとつで声はガラリと変わるもの。

相手が声のテンポ、トーン、そして言葉選びは変わっていきます。

金星メソッド
その38

相手の置かれた立場を思うと声は一瞬で届く声になる

シーン別で滑舌や言葉づかいを変化させる

ＮＨＫキャスターの新人時代に上司のアナウンサーから

「本番のときだけがんばってもダメだよ。切り替えようと思ってもそう簡単に切り替わらない。つくりものの声は人には届かない。だから、普段の声をよくしなさい。そしてそのままの声をスタジオに持っていきなさい」

と教えられていました。オンとオフで切り替えないで、いつでも声はオンの状態。いつ本番が来ても大丈夫というくらい、声の出し方を意識しています。「今から本番です！」というときに急にがんばってもよそゆきの声になってしまいますから。

相手の心に伝わるのは〝素の声〟です。あなたの性格がにじみ出た素顔の声。だったら普段の**声をいい声にする。**これはずっと新人時代から心がけています。電話するときもどんなときも相手に届けられるやわらかさを大切にしています。ですが、プレゼンのとき、会議のとき、飲み会のとき、声の出し方や話し方はこっそり心がけていることがあります。それは**「滑舌のかたさ・甘さを調整している」**ことです。どういうことって思いますよね？　滑舌のかたい甘いってなんだ？　と。

滑舌を「よい悪い」ではなくて、「かたい甘い」で使い分けしてるのです。

NHKを卒業後、ナレーションスキルを高めようとナレーションスクールに通っていました。そのとき、売れっ子ナレーターの先生から

「滑舌がかたすぎる、アナウンサーすぎる、もっと甘くして」

と言われたんです。私は初めて滑舌に甘いかたいがあることを知りました。「甘い」とは口を小さく開けてひとりごとのように、友だちに話しかけるような滑舌で。甘いナレーションをすると距離が縮まり、友だち同士、つまり語りかけているように聞こえます。

「かたい」というのは、単語がはっきり聞き取れて、ハキハキしているしゃべり方のこと。ニュースを読んだり、司会をしたり、アナウンサーの仕事をしている声がイメージしやすいと思います。滑舌を意識したきっちりした話し方で聞き取りやすい。
さらに「甘い」を極端に言うと舌足らずで、滑舌がうまく回っていない話し方。たとえばお酒を飲んで酔っ払って口がうまく回らないときです。

この甘いかたいをシーン別に効果的に使い分けていきます。使い分けることで相手との距離を自然に縮めることができます。たとえば、飲み会の席でこの滑舌がかたいままだとすると

「なぁにそんなきっちりした（アナウンサーみたいな）話し方しちゃって――」

と言われてしまい「どこかビジネスライク」で距離感を感じられてしまいます。滑舌のいい明朗明快な口調が「他人行儀でよそ行き」な話し方に聞こえてくるのです。相手に「この人は、まだ心を許してくれていないのでは」という「壁」を感じさせて

しまう。

そういう場所では、あえて滑舌を甘くするようにしています。「口を大きく開けないでダラッと話す」そのうち何やら舌足らずな口調が顔を出します。

そうすることで、会話は程よく、くだけた感じになります。聞き取りにくいという感覚は二の次でいいのです。その人の親しみとか可愛らしさになるのですから。

もちろん、最初から最後まで「ちょっと何言ってるのかわからない」では×です。

ときにはグンとくだけて、甘い滑舌で、ダラッとユルくしゃべる。

そんな「滑舌の使い分け上手」を挑戦してみてくださいね。

金星メソッド その39

どんな場所で話すかで滑舌の使い分けに挑戦してみよう

〜程よい甘さはくだけた感じで距離が縮まる〜

おわりに　声と言葉を意識すると世界が変わる

この本をここまでお読みいただいてありがとうございます。いかがだったでしょうか。人と話すって「ちょっとしたことで変わる」こと、そして「ラクしていいこと」と感じてもらえたらうれしいです。

そして伝わるって、テクニックよりも大事なものがあることにも。

さあ、あなたはまずはひと言目でどんな入口をつくり、どのような褒め言葉で会話をつくり、どんな相づちで相手と盛り上がる話をしていきましょうか。

ぜひ、あなたの宝物である声で、愛ある言葉を贈っていきましょう。

プレゼントを贈るときって相手のことを想像して「こんなプレゼントを贈ったら喜びそう」とワクワクしながら考えますよね。言葉もプレゼントと一緒。言葉は投げるものではなく贈るもの。怒りや感情に任せて言い放つ言葉は刃、切れ味抜群の包丁。

そうではなく〝言葉はギフト〟。〝言葉は贈りもの〟です。

あなただから言える「褒め、相づち、そして虹をかける意識」でもうバッチリです！

落ち込んでいるときに先輩から言ってもらった言葉、取引先から言われた感謝の言葉など、その人を想った愛のある言葉はずっと心に残ります。優しい言葉をかけたら聞いた相手も優しくなれる。またその優しさを誰かに伝えたくなる。そんな優しい言葉の循環がつくられていくと思います。

そして、その声がけを自分にすることもお忘れなく。私は自分によく声をかけています。

「今日もいい感じ」

「十分できているよ。最高だよ」

「いつもありがとう」

と。心に思うだけではなく、声に出すことがポイント。一度、深呼吸してからぜひやってみてください。リラックスできて「自分は大丈夫」と肯定感が上がります。
自分の声は一番自分が聞いています。相手にかけた言葉も自分が一番聞いていて反応しているので、言葉で自分を喜ばせることに意識を向けてみてください。ちなみに私は「今日はいい言葉を聞いた！」と思ったらすぐノートに書き留めています。

言葉を大事にする人は自分を大事にする人です。

優しい言葉の循環で世界を幸せにできたらとても幸せ、そんな世界をつくりたいと思っています。講演、セミナー、ラジオでぜひ私の声と言葉を聴きにいらしてください。「あなたを温かいドームでお迎えします！」。この本を読んでくださったあなたとお話しできることを楽しみにしています。

「田中って質問が本質を得てないよね」とプロデューサーから言われ、聞き下手だった私が今、聞き方の本を出版するなんて感無量です。人と話すことが得意じゃなかった私が営業マンになり、現場で揉まれるうちに人と接することを学び、アナウンサーになってからはもがきながら聞くこと、伝えることを習得しました。心の矢印は常に相手に向いています。毎回、心臓がつぶれそうだった緊迫感のある大相撲での取材経験も今では貴重な財産です。

右も左もわからなかった私を一人前の営業マンとして育ててくれた、フロム・エージャパンの皆様。可愛がってくださったお客様。NHK青森のメンバー。取材を快く受けてくださった地元青森の皆様。いつも応援してくれた視聴者の皆様。「ニュースシブ5時」のメンバー。取材を受けてくださった力士。親方たち。スクールの生徒たち。講演を聞いてくださった参加者様。ラジオのメンバー。素晴らしいゲスト。リスナーのあなた。これまでの経験は全て皆様から得たものです。貴重な経験に心から感謝いたします。

これまでの変わった経歴や珍しい経験から習得したことを、コミュニケーションで悩んでいるビジネスマンのお役に立てたらと講演やセミナーでお話しさせてもらっています。男だらけの大相撲取材や飛び込み営業など赤裸々に伝えていることが、ぎゅっと一冊の本になりました。

今回、この本を出すにあたり、きっかけをつくっていただいた講師の大先輩である夏川立也さん。本を出す企画のあと押しをしてくださった前編集長の米田寛司さん、そしてコンセプトづくりから細かいフォロー、ここまで導いてくださった編集担当の田中隆博さん、心から感謝申し上げます。

もちろんいつも全方位でサポートしてくれる家族にも感謝。

最後の金星メソッド、第69代横綱白鵬関の座右の銘を紹介します。

「型を持って型にこだわらず」

強い力士には自分の強い型があるのですが、その型にこだわらず自分の可能性を広げようと常に新しい技に挑戦する、という意味です。横綱という相撲界の頂点である白鵬関が自分自身をさらに広げようと努力していたのです。この言葉がとても好きで、私も自分のいつもの成功パターンだけに頼らず、挑戦する、きり拓くということを心がけています。

ですので、この本を読んでくださったあなたも、まず「これなら大丈夫！」という自分の得意な型をつくってみてください。「これ面白い！」と思った聞き方、会話のしかたをまずやってみて、あなたのものにしてどんどん可能性を広げてください。

この本がそんなきっかけになったらこんなにうれしいことはありません。

この本を手にとってくださったあなたがコミュニケーションの金星をとれますように。心から応援しています。

2025年1月吉日

田中知子

金星メソッド　一覧

1章

その1
第一声で好意を全開で伝えてみよう。
相手もあなたもやわらかい表情になるはず
～無条件で相手を好きと思う気持ちを持ってみて～

その2
本音を引き出すときは
相手がいかに話しやすい場所か、意識して
～相手のホームであればあるほど話は弾む～

その3
相手が腹いっぱい食べるなら
こちらも腹いっぱい食べる
～姿勢やしぐさを合わせることで生まれる同調感をつくろう～

その4
相手と想いを共有する「握る」で
強い信頼関係をつくろう
～想いを共有できていれば何でもできる～

その5
握れているからこその愛ある助言。
想いを共有してワクワクしよう

2章

その6
余白は埋めるものではなく残すもの
～質問するときは相手に「余白」という愛を詰め込んでパスしよう～

その7
問いただす質問ではなく、
相手をワクワクさせる「もし」で聞いてみよう
～ワクワクすると自然と楽しい発想が生まれる～

その8
つけるかつけないかで相手の気持ちが変わる
「最後にひとつだけ」
～相手を奮い立たせてあと押ししよう～

その9
会話がかたい、本心を聞けていないと思ったら「ぶっちゃけ」「実際のところ」を差し込む
〜相手の緊張がほどけて素顔が見える〜

その10
ビクビクするほどの大物相手は愛と敬意を持ってストレートに聞く
〜思い切って相手の懐に飛び込んでみよう〜

その11
どんな質問もポジティブな言葉を加えることで気分が上がり、答えやすくなる
〜相手の気分を上げて真の想いを聞こう〜

その12
相手の話が軌道に乗るように途中の質問は3、4文字くらいの相づちのような質問で!
〜短い相づち質問で話を加速させよう〜

その13
沈黙も会話のうち。相手を信頼して待つことで生まれる信頼関係
〜沈黙は相手のシンキングタイム〜

その14
無理に言葉を引き出さない。まずは相手の雰囲気、よさを味わうところから
〜沈黙から生まれる信頼関係はよい空気が生まれる〜

3章

その15
会話の入口は聞き手が興味をそそられる話題から
〜「共感」と「へぇ情報」をセットにした下準備を〜

その16
初対面で相手の情報がないときは、
目に入ったものでこだわりを感じられるもの
から話してみよう
〜会話の入口になるセンサーを常に敏感にしておこう〜

その17
相手と同じ言葉を使って距離を縮めよう
〜「それいい!」と思った言葉をまねしてみよう〜

その18
ものだけを褒めるのではなく
身につけているその人を褒める
〜相手を観察し、どこを言えるか日頃から練習してみよう〜

その19
大げさな褒めは会話のブレーキになるので
気をつけて
〜「ちょこさら」目指して褒めてみよう〜

その20
自分の経験値だからこそ言える言葉をプラスして
より印象的に褒めてみよう
〜ひと工夫でさらに褒め上手に〜

その21
相手が好きな領域に入って褒めてみよう。
相手への思いやりがきっと伝わるはず
〜相手が好きなもので褒める、それは相手を想う姿勢から〜

その22
声はその人そのもの。
人が如実に出る〝声〟を褒めてみよう

その23
「おっ!」をつけて会話を弾ませ、
相手の気持ちを上げていこう

その24
ちょっと大げさな目(アイ)トーク、
顔トークで相手の気分を盛り上げよう。
声に出さなくても会話は盛り上げられる

その25
聞き上手は横綱相撲。
何があっても大丈夫のどっしり構え
〜安心して話してもらうにはこちらが安定すること〜

その26
相手が不安を感じていたら
自分の出せる底辺情報をそっとさし出して
相手を安心させよう

その27
相手がリラックスできるように
意外なことやクスッとなることを
率先して「自己開示」してみよう

その28
笑うから雰囲気がよくなる。
それほどの話でなくても
声を出して笑顔でリアクション

4章

その29
出会いの先にあるものを想像して、
ワクワクしながら初対面を楽しもう

その30
どんなときでも仮面をかぶれば強くなれる
〜自分のマインドを楽にする設定をつくる〜

その31
自分は演出家!
やりづらい環境では
自分のやりやすい〝設定〟を演出しよう

その32
自分は演出家!
もっと打ち解けたいと思ったら、
相手を自分が話しやすい〝誰か〟に設定してみよう
〜仮の設定で一気に話しやすくなること間違いなし〜

その33
一番大事なのは
あなたの想いが伝わること。
会話の矢印を常に相手に向けてみよう

その34
手放すことで見える。
目の前のことに敏感に気づく自分でいよう

その35
〝今を全力で〟
目の前のことに全集中すると
いい結果はついてくる

その36
声は人なり、宝なり
～あなたの声はこれまでの生き様が詰まった唯一無二の宝物～

その37
相手に発する言葉は
丸く円をえがくように発してみよう。
声も表情もやわらかくなっているはず
～あなたと私は虹の架け橋でつながっている～

その38
相手の置かれた立場を思うと
声は一瞬で届く声になる

その39
どんな場所で話すかで
滑舌の使い分けに挑戦してみよう
～程よい甘さはくだけた感じで距離が縮まる～

その40
型を持って型にこだわらず

購入者限定特典

本書のご購入者限定に動画視聴の特典を用意いたしました。著者自身が本書のポイントを紹介します。

パソコンやスマートフォンから下記にアクセスしてご覧ください。

視聴はYouTubeになります。なお、動画は予告なく内容が変更、閲覧が終了する場合がございます。あらかじめご了承ください。

パソコンから

▼

https://content.kanki-pub.co.jp/pages/honnenokikikata/

スマートフォンから

▼

【著者紹介】

田中　知子（たなか・ともこ）

◉――フリーアナウンサー。大相撲愛好家。コミュニケーション講師。株式会社ちゃんこえ代表取締役。通称「たなとも」。

◉――1980年青森県八戸市出身。聖心女子大学卒業後、リクルートの求人広告代理店「フロム・エージャパン」に入社。池袋で１万件以上の飛び込み営業を経験。新規獲得数トップの常連となる。未経験から31歳でアナウンサーへ転身。2011年NHK青森放送局のキャスターとしてローカルニュース番組「あっぷるワイド」に出演し、青森の夕方の顔として定着する。その後、東京へ異動し、2015年、NHK総合「ニュース シブ５時」のディレクター兼レポーターとして活動。当時、女性としては珍しく、大相撲を体当たりで取材。大相撲特集「能町みね子のシブ５時相撲部」を一から手がけ、普段なかなか見られない力士の素顔を独自の目線で取材。大人気の特集に育てた。

◉――2019年４月より独立。東京都内でフリーアナウンサー、プレゼンコンサルタント、ラジオパーソナリティとして活動。2024年４月より「声と言葉で世界を幸せにする」をコンセプトに株式会社ちゃんこえを設立。大相撲から学んだ独自メソッド「金星コミュニケーション」を講演しながら、「人と話すって楽しい！」「勇気を出して挑戦すると道が開ける！」を伝えることをミッションとして全国を飛び回っている。ソフトな語り口と一度聞くと安心する声に癒される人も多い。

株式会社ちゃんこえ　http://chancoe.co.jp/
Instagram　@tanatomo_aomori

口下手《くちべた》さんでも大丈夫《だいじょうぶ》　本音《ほんね》を引《ひ》き出《だ》す聞《き》き方《かた》

2025年２月３日　　第１刷発行

著　者――田中　知子
発行者――齊藤　龍男
発行所――株式会社かんき出版
東京都千代田区麹町4-1-4 西脇ビル　〒102-0083
電話　営業部：03(3262)8011㈹　編集部：03(3262)8012㈹
FAX　03(3234)4421　　振替　00100-2-62304
https://kanki-pub.co.jp/

印刷所――ベクトル印刷株式会社

　ISBN978-4-7612-7785-7 C0030